光の中の彩光色

和無田 玉雪

文芸社

はじめに

「女性とは産む性である」という言い方に、向き合うと決めたときひとつの形が見えてきた。

戦争によって異質な思想同士は出会う。飛行機は最先端の科学技術を搭載し、原子力爆弾を投下する。兵器は西回りの思想の精髄であり、日本列島の南三島は東回りの思想を洗練する卵である。

1945年8月6日、午前8時15分。広島の上空でガンバレル型のリトルボーイが爆発。同年8月9日、午前11時2分。長崎の上空で爆縮型のファットマンが爆発。爆弾の放射線と光は、大気を通じて地上の人々を殺傷する。

地平線は地球が球形であることを示し、玉の形をしているのは卵子も同じである。精子は性染色体をもち、生まれてくる子の性を決める。XY染色体をもつ精子は男の子として生まれ、XX染色体は女の子になる。XY染色体の精子はXX染色体の精子より小さい。

男の子は「リトル」で、このころから女の子は「ファット」なのだ。

精子を受精した卵はそれぞれの土地で育ち、いずれ生まれる新世代は思想の融合体を生きる。親の知らないところで子は育ち、地球上に「未知」の土地はなくなった。

枢軸国側ではドイツ、連合国側ではアメリカとソ連が核兵器の開発を急ぐ。大戦後アメリカはソ連の世界覇権を嫌い、日本と「結婚」をする。この「結婚」は日本にとって、江戸時代の鎖国解除以来、弓状列島の北方および南方の防御に備える国力の代替となる。

死体を写す報道写真に見る戦争は、人体に加えられる有形無形の破壊であり、敵に対する異常な無関心が臭気を放つ。そのたとえようのない息苦しさは、生命に類するものを一掃する。戦争に負けた側の思いだけではない。写真の中の現実を経験し見てしまった人間に、生命感を言葉によって呼び戻せないだろうか。

負け上手という華は厳然としてある。勝敗の概念を逆手にとって、無に帰す思想を本物にするには、「産む性」の感性が生きてはじめて可能となる。個人が抱えきれない悲惨から脱するために、結婚をして子どもを育てる女性ならその苦悩を呑みこめる。

結婚後、女性が出会う苦しみを知るよしもない少女。陣痛に耐え、出産を越えた経産婦。無関心によって葬りさられた暗闇にもがく女たち。人間をとらえ直すために光を当てるべきなのは、この人たち以外ないのではないか。

それは冒険へ踏み出す光でもあった。

『原爆はいったい「何」だったのか』。

私は卒業論文に「沈黙する女性たち」という副題をつけた。それ以来「産む性」という概念で女性をとらえるのを避けてきた。女性の肉体の表面を撫でるような視点を拒絶し、女性の本当の声を掘り起こすためだ。「女らしい」ことを求める構造を把握し直すことは、肉体の中に入っていくことになった。「産む性」に留まるのではなく、女性にとっての真の「女らしさ」を追求したかった。

かつて生殖子といった、目に見えないものを通して女性を掘り下げる。男性を「精子を放つ性」と呼ぶとき、女性も「卵子を放つ」。精子を顕微鏡で目視確認するまでには歴史的な時間を要した。目に見えないものを見る拡大鏡が発端となって、「放出する行為を重視する性」が一時代を築く。精子を知るようになって、卵子に関する知識も蓄積される。その「知」を、卵子という存在を維持する女性はどう扱ってきただろうか。

自らを生きる女性は、生活をいかに自分のものにしていくのか。

目次

第2篇　生命の記憶を継ぐ性

第3章　数直線の応用

第1篇　文字にない歴史を読む

第1章　女性と北海道と西洋

1. 小樽港と原体験

冬の北海道は日本海の風に吹かれ、山は雪が明るい。小樽の夜は飲み屋が目立つ。通りから一本わきへ入ると飲み屋街だ。スキー用品店を南に下り国道5号線に出る。国道を横断して直進して丘を上る。市役所はその坂の途中にあり、正面玄関を入って真っ直ぐ階段を上ると、別館の地上階になる。

市役所を右手に見ながら、公園に行く。回遊式庭園を歩いて市民会館の裏に出、市民会館をやり過ぎて、道を下る。市民会館の向かいには裁判所があり、南側には能楽堂のある公会堂、公会堂の南東は体育館、体育館の前には市のグラウンドが広がる。グラウンドの先の東側は野球場で、南東の丘には忠魂碑が立ちその周りの林はサイクリングロードが通る。海側には港を一望する高台がある。かつては動物のいる遊園地もあった。この丘一帯に施設が集中し、小樽文化を象徴する公園となっている。

小樽という地名は、アイヌ語のオタオルナイ「砂浜の中の川」という名称に由来する。

現在勝納川と呼ばれるその川は、町の中心より東に位置する。

子どもの私が親しんでいたのは、於古発川だ。

市のグラウンドの南は崖地で、その崖と於古発川の間に小学校があった。

冬のある放課後、高学年の私たちは橋を渡って学校にやってきた。校門の前の階段を上り市のグラウンドに出て、そこを抜けて市民体育館に行くのだ。グラウンドには雪を踏み固めた道がついている。体育館の横に施設名を彫った建造物があった。建物と同じく白いそれは雪に埋もれて滑り台になった。放課後に学校の近くで公共物を遊具にするのは、子どもにとって冒険であった。

ガキ大将が先頭になって一列で雪道を歩きだした。一本道の両側は子どもの膝くらいまで雪がある。もう一本の道と交差するところで、それまで見えなかった黒いオーバーが目に入る。みんなは息をのみながらも、雪を漕いで酒の匂いをさせている男を避けて歩道まで一言も発することなく歩いた。

「生きていたよね」

とガキ大将は言った。男を起こして罵倒されるのはいやだった。だが北海道で育った子どもには、外で寝れば死ぬというのは当然のことだ。男の息を聞きとろうと全員が耳をそばだてていた。日の出ている昼間でもあり、死んではいないことを願った。死んでいるなら自分たちには発見されないと思った。町で飲んで遅く帰るのが大人であれば、死人を扱うのも大人だ。誰かが心配をして男を探すだろう。実際その前日にも、バス通りの文房具屋の前に男が倒れていた。子どもにとって、雪上に倒れるまで泥酔するのは人生の敗者たらんとする大人の姿であった。下校時にまた男を見るのが恐くて、子どもたちは「死んだ」ことにした。子どもと大人の世界には埋めがたい距離があり、また距離を保つことで大人に敬意を表した。

明治11年、紀行家イザベラ・バードがアイヌの人を取材するために道南を訪れている。横浜を出発して陸路東北へ向かう行程を、明治政府は許した。著書『日本奥地紀行』には、アイヌの男性が酔って寝転がると記されている。週末になると昼間から地元の工場労働者がウイスキーを飲んで草原に寝てしまうスコットランドと同じ、という。作家がポルトガルでもスペインでもオランダの人でもなく、イギリス人であるのは、当時の世界情勢からすれば偶然ではない。当局は紀行家の安全と宿泊の便宜を図るため、旅程のしかるべき部署に事前に通知を出している。47歳の西洋人女性の目に奥羽越がどう映るか好奇心もあったろう。

グラウンドにいた男性がアイヌの人だと言いたいのではない。明治維新当時のイギリスは、いわゆる運河時代に突入して100年が過ぎようとしていた。1880年代には、「産業革命」という概念が生まれている。水力紡績機や水蒸気機関が開発されて以来、イギリスの都市生活は自然から離れ、人々の関心は地誌や民族学に向けられていた。この時から1970年代の小樽は、1世紀の開きがある。神話に泥酔する神は出てきても、男性の書く歴史書に、生きたまま雪原にひとり寝をする男は現れない。時も場所も違えど、女性は、酔っ払って寝る男性の姿を記録に残す。海を越えた女性に、共通する感性の発見である。

アイヌの人の営む社会に文字は存在しない。約束事や叙事詩は口頭で伝承されている。アイヌの文化生活を保証する領域が東北地方で狭められてから、人々は暮らしの中心を北海道以北に移した。サハリンや千島列島にも住み、貿易を行った。

民族の進出は、進出された側からみれば侵略である。大航海時代と産業革命を経て、帆船から、蒸気機関を搭載した船舶が、運送の主流になる。蒸気船の次は鉄道線路の敷設であり、その鉄道は半世紀足らずで、自動車と飛行機に主役を奪われる。征服した土地に帝国同士で線を引く必要から、近代の国際法の概念は生じる。日本は中国に起きたアヘン戦争とアロー戦争を通じてイギリスを知り、日清戦争後の三国干渉でフランスとドイツを知る。日露戦争を経てロシアを知り、世界戦争、特に第二次世界大戦の連合国による占領と冷戦を経てアメリカと新生中国を知る。これが、江戸時代の鎖国を開国した後の日本の姿である。

軍隊の編成は、最新兵器の導入だけでは不充分である。殺し合いで失われる兵士を教育して、補給する仕組みが見込まれていなければならない。兵力の完成度を高めるには幼齢児から教育を施して、戦闘に耐える体をつくりあげ、体力の最盛期までに制度的訓練を終わらせる必要がある。

法の下に戦争をおくことは、平和なようでいて、抽象的な存在でしかない国家が、戦争を正当化する危険がともなう。それでも内戦を開始した軍事権力が自国の人民を制圧する国家の下にある法と比較すれば、国際法においては権力が人を殺す「マナー」を国家間で決める余地は残されている。

近代の成文法において、法の下に戦争をおく以外の選択肢がないのは問題である。権力を握ったひとにぎりの人々の理性によって戦争が認められる現状では、戦争が個人を殺すことの正否は問われない。個人は戦われてきた歴史から学び、自国のアイデンティティを図り、戦争以外の方便による発露を求める。人に任せることは自分に思考停止を許すことでもある。自分で考える営みのかたわらに自分の生きる道が用意される。

世界情勢によって明治政府は直截的には、世界的な軍事力に勝つ体制を整えることを要求された。間接的、潜在的には、この軍事的問題から離れ、個人の死の自由を確保すべきことを要求されていた。前者の要求に対して最新かつ最強の軍隊を編成するには、当時の軍事責任者は幸運なことに、武家の思想の遺産により、軍事教育の枠外において死の問題が解決されていた。そこへ近代西洋国家の義務教育と軍事教育の枠組みを導入した。導入の迅速性もさながら、教育の効率性も評価されていいだろう。

日清日露の好戦績は副作用を生じた。死についての問題は遺産に負うばかりで、近代教育のもつ計算性という側面を棚上げしたまま、「富国強兵」の時勢に流された。棚から下ろす時機を見出せないまま、忘失したのである。異質な文化を習合する過渡期に戦争に勝ってしまったことによって、自分で死の形を決めるという枠は放置された。国家が近代性の欠点を忘れれば、社会も人も現実に酔う。新世代の心のうちに、死を除外した枠組みが醸成され、死に向かう覚悟が欠落していくことに無自覚になる。

死に対する答えを文化的に用意するのは宗教である。敗戦後現代にいたるまで、日本人の死に対する問題は教育に含まれない。人は本来死ぬことによって、その人の形が決まる。戦場で人を殺すなら自分も殺される理屈で、人に与えた死の形は翻って自分の死の形にもなる。人を殺しに家を出る以上、殺す仕業はそれまでの業績を越えた行いに徹する。それが日本が鍛え上げてきた日本人の死に場である。敵に負けることがあっても、人生の最善を尽くして自分の死の形をつくる。死に対する問題を不問にふす教育は、日本人が日本人的死を全うすることを困難にする。

西洋的文化の死生観をとり入れて、意味を見極め、既存の日本的価値体系に位置づけるには、機が熟するのを待つしかないのか。島国であるという物理的な鎖国作用は、よい意味でも悪い意味でも大きい。日本人が、一般的に自覚するよりも、世界的にいう国際性を、日本人は理解していない。それほどに溝は深い。

明治政府は北海道に屯田兵を「進出」させて、北の島をつなぎとめる。飛行機が実用化されて世界大戦に投入され、島を隔てる海峡の幅が狭まったとはいえ、近代国家を形成するうえで、陸と陸の間の距離は依然として重要である。点在する島々の内部に外国の軍隊が駐在し、その外国の基地が主都機能に隣接している現状は、ふつうなら侵略に対する不安を日常的に掻き立てる。外国と離れていることによって、日本人は海の彼方に世界を隔て、国際社会の広がりへの念を麻痺させている。北海道にしても沖縄にしても、本州の緩衝地帯として位置づけられているのに、一般の人にその意識は低い。海外への無関心については、物理的要因の外にいまひとつ根本的な要因がある。それについて考えることが本論の目的でもある。

１９８８年まで北海道民の本州への足は主に青函連絡船であった。船の下は海であり、北海道と本州の間には、人々を水底へのみこむ口が開いていた。津軽海峡は、ブラキストンの引く生態の境界線でもある。屯田兵に先立って小樽に旧会津藩士の家族が上陸したときには、赤毛の品種改良もならず、北海道の気候に育つ稲はなかった。茶の木は現在も育たない。北海道という陸地の物理的断絶は、本州と北海道での感覚の違いを生む。環境としての自然の断絶とともに、死という自然においても人間的価値観の断絶が醸成される。

北海道においては、全国一律の教育の受けとめ方が異なる。教育の基盤となる人間模様が異なるのだ。この断絶ゆえに、テストの解答欄を埋めるとき、現実が北海道の子どもに答えはないとささやくのだ。北海道の和人文化は本家を本州におく。和人がやって来て１５０年が過ぎたにすぎない。それ以前はアイヌの人々が生きていた。本州以南で培われてきた文化が日本をつくったことは理解するが、後から来たのは自分の祖先である。自らの出自が侵略者でありうる事実とどう向き合うのか。

世界遺産に登録された白神山地も、北海道の原生林も、マタギやアイヌの人々が山を守ってきたから、残る。山を守るということは、外からやって来て何かの処置を施すことではない。その土地に住んで、食べて生きること、それが山と関わる人々の生活そのものであった。

小学校の担任の先生が、教科書を離れて語ったことが残る。小樽に学校ができたばかりのころ、学校でも実際に差別があったという。小学生でさえ、アイヌの同級生の体臭を嗅ぎ立て、民族服を着ていると嫌がらせをし、日本語の発音が下手だと揶揄する。アイヌの人に対する差別の実態は、戦後の在日朝鮮人や中国人のものと瓜二つだ。

北海道における当時の和人の行いについては、アイヌの男性を地元から離し、番屋で労働に従事させ、残された女性だけの家族に、性的な事故が発生するという内容が常識になっている。一般的に出稼ぎ労働は、家庭生活の劣化に直結する。そのことと意図的に、性生活を妨害して民族の自然消滅を図ることとの違いをどう見極めるのか。

アイヌの刺青については、幕末から女性の口元や腕に刺青を入れる習慣を禁じていた。アイヌであることの証としてやめようとしないアイヌに対して、明治3年、入れ墨禁止令を出す。明治9年には、摘発と懲罰という手段が採られた。このような経緯がある一方で、アイヌの人の宗教的自由については、禁止をするほど問題にしなかった可能性がある。

歴史は現在に近づけば近づくほど真実を見極めるのが難しい。現在の政治の意向に配慮して、あるいはその圧力によって、情報に制限が加わり、真実を語るべき「歴史学的」見解が曲げられかねないのである。

小人は現実が耐えがたいとき、学ぶよりも無知でいることを選ぶ。大人は、差別をしなかった事実を追求するよりも、また差別をしなかったと自己を信じるよりも、「差別をした」と自己を否定し罪をかぶることを選ぶことがある。義務教育として日本史を本州以南で学ぶか、北海道で学ぶかは、異質な経験となりうる。耳でふさごうとしても音は精神に響き、光は断絶の一定の深さまでしか届かない。

イザベラ・バードが北海道を訪れたのが1878年、その2年前、1863年設立のマサチューセッツ農科大学の学長、ウィリアム・スミス・クラークが明治政府に雇われて札幌農学校に赴任する。同大学に留学していた新島襄の紹介による。1年の休暇を利用した、西洋の農業の実技と、農業学を導入するための来日である。1877年5月には滞在を終えて帰国する。

帰国時に残したとされる「ボーイズ、ビー　アムビシャス」というクラークの言葉は若者を鼓舞する言葉として有名だ。「若者よ、大志を抱け」と五七調に訳される。札幌の教え子に女子は含まれていなかった。それゆえに「ボーイズ」と言い、「若者」と訳すのは妥当である。

だが生徒たちに紳士たれと説き、キリスト教に限らず信仰に信心深くあれと繰り返したクラークであれば、女生徒がいるときに、男子だけに向けて言葉を発することはないだろう。当時のアメリカでも、大学に女子が入学するのは困難であった。明治時代の女性解放の運動には、アメリカの運動が関係する。

明治政府の開拓によって、北海道にはじめて都市文化が上陸したといえる。屯田兵の配置や都市の建設、資源の開発などは、アイヌの人の生き方および暮らし方に変化をもたらし、それは新しい生活様式へ移行させることにつながる。開発の裏で、女性解放運動と重なりつつ、労働者解放運動も起こる。アメリカと反対側の海の外、ロシア帝国に胚胎した労働者解放運動に連動するのである。国家としての日本は、植民地化しようとする西洋諸国の動きを止めようとしていた。

そのようなとき、アイヌの人々への絶対支配という問題はあったのか。「敵の存在」は集団内の団結を促す一方で、それにともなう緊張は、異端者に対する意識を先鋭化する。一目で習慣の違いが識別される刺青の禁止は、民族的差別意識を刺激することへの配慮ではなかったのか。銃後における女性に暴行を働くのみか、生殖器を意図的に破壊して家庭を撹乱する「安あがり」な武器は、日本にも存在したのか。緊張は人々の態度を硬化させ、個人の自由にならないエネルギーは、弱者に向かう。

日本の文学において、物語の中で時の流れが尊重される現象に対して、筆者の資質が加味された言葉が再構成される。言葉に対する真偽とは、別の相に、言葉に対する柔軟性が存在する。言葉に対する真偽と柔軟性が両論としてそろったとき、転換が起きる。本来日本ではこの転換において自己の中の弱いエネルギーの思考を掬いとり、独自に展開をする。

小樽における文学史は、プロレタリア文学者小林多喜二が、拷問によって死ぬことによって彩られている。展望のよい丘に多喜二のデスマスクが据えられた文学碑がある。幼稚園の遠足以来、その周りでお弁当を食べたり遊んだりした。小学生になって著書の意味を知らないまま「カニコウセン」と覚えた。「蟹工船」が完成した３週間後に多喜二は、特高警察に逮捕される。出版の翌年、自ら墓を建立し、３年後に再度逮捕されたとき、取り調べ中に死亡する。

小学校の見学旅行で、白老のポロトコタンを訪れた。チセは自分の家のブロック建築よりも、寒さに無防備に見えた。こんな住まいしかない環境で、アイヌの人が風雪に耐えてきたことが信じられなかった。小学生ながら「小屋」を見せて人々の同情をひき、もっと工夫された「家」を隠していると思った。民族衣装を着て後方に立つ女性に対しては「アイヌの家庭を見せるよう言われてやっている」と思い「人に家のあり方をさらして自分の民族に対して何をしようというのですか」と心の中で聞いた。

小学生より大きくなって冬の小樽を歩きながら、風に乗ったクラークの声を聞き、その下にアイヌの人や多喜二の声が重なった。結婚を前にした根雪になるにはまだという時期、短靴で歩けるときである。

勝納川にほど近い家は、坂の上にある。会社が退ける前でも夜のようであり、対向車がヘッドライトをつけて過ぎる。降りしきる雪の向こうに「人が倒れているよ」と声がした。続けて女性の声がもうだめだと言う。見ているうちに、人が家から白い布を持ってきて男の人にかける。地に伏した人の肉体は薄く、浅い雪にも埋まる。

倒れた人の頭の指す方向へ道を行き、勝納川を渡った左手に、小林多喜二の墓はある。死者の声こそ、その土地の歴史である。

異文化を尊重するということは、柔軟な態度を醸し、他者と自分の違いを受け入れる過程であるということを理解する年になっていた。見学旅行で発した自らの問いの答えも用意できる。もし私が明治時代に生まれ、若いアイヌの女性だったら、和人の社会を意識しないでいられただろうか。和人の人となりや生活様式を、女の目で、周囲と比較したはずだ。異なる生活を営む相手と結婚をし、相手の生活に応じながら、自分の生活と融合させて、新しい世代を産んできた。個人の行いは異なる文化を「結ぶ」。政略結婚に劣らない、融合の営みだ。誤解に気がつかなければ、社会はそのままである。自分の見方が変わらなければ人は変わらない。

独自の歴史を尊重するには、北海道の歴史は浅い。日本政府との交差が、多喜二の死やタコ部屋の労働者の死、アイヌの死しかもたらさなかったとき、本土と同様な歴史を編むことは、可能なのだろうか。明治3（1870）年に開拓使が置かれてからたったの150年である。北海道の立場は北門だけではない。道民が「アムビシャス」たらんとしても、過去から未来を見出せなければ、どこに夢を求めればいいのか。

現代の社会は、男と女の夫婦が基本である。核家族は、名前の示すとおり、戦後に受け入れられた家族のあり方である。国は一組の男女の子どもが一人前に育つように補佐し、個人はその制度を利用しつつ、家庭では安心を感じ、安心できることを大切にすべきと教えられる。だが近所関係が社会に希薄な現在、家庭は一歩入れば密室となる。家庭をもったばかりの若い世代にとって、誰の目も届かない密室は、個人の資質が育たない土壌に陥り、その闇に異性間の溝が口を開ける。

第二次世界大戦中連合国軍は、北方は国後島以東の島とサハリン、南方は沖縄に上陸した。「本土」は、飛来する爆撃機に領空を侵犯され火薬を投下される。敗戦後、軍隊は島国の「本土」に上陸し、その後立ち去っていない。

海によって孤立した土地で、勝つ見込みのない戦いをするのは恐怖以外の何ものでもない。民族がほかの民族に進出されるとき、進出する側の男性の人口が増え、「水際」では進出される側の、民族の女性が性を売る。性の違いという「物理的な」断絶が、その恐怖の「堤防」となる。死者の怨念がしみた地において、女性という「性」が、男性が築いてきた「文化」をつなぐ役割を果たす。「現代史」しか視野にない敗戦国では、自国の「文化」に夢を抱くことはない。

「物理的な」溝があるゆえに結ばれる男女が、集団生活の障害とならないように性を扱うところに、人間が人間である所以がある。男女間の断絶は存在する。それを成人した個々が自覚し、文化の担い手として自己の生活を営む。それなのに近現代の男女は物理的側面の融合に収束し、責任の意識が希薄になっている。それは日本に限ったことではない。現代史において過去との断絶をあらわにする。

戦争で空爆に曝されることが少なかったことは、北海道の人々に幸いした。大きな軍事施設がなかったことにもよるが、占領後土地と人民を利用するための計算も働いただろう。そのことによって、新しい土地に独自の文化を確立する余裕が担保されたのである。

何人も水の中では生きられないゆえに、海は、緩衝帯として機能するだけでなく、海上という、死に近い場所を人に経験させる。海は水底の死を鏡とし、人に生きることを想起させる源となる。海の隔たりは万人が陸から出ていくことを拒み、海路を行くことをよしとした人のみが受け入れられる。それは民族を超えた共通の言語となり、後にしてきた陸地の情勢を伝える助けとなる。島が海に浮かぶのは、多細胞生物の細胞が細胞間液に浸るのに似る。

北海道を俯瞰するとき、物理的陸地の断絶も恵みに変わる。現代の個人は、西洋文化も、東洋文化も、共産主義の流れを汲む文化も、歴史的断絶と男女間の断絶という目に見えない二つの「敵」を共有する。日本の土地となった北海道は、アイヌの人という少数民族を巻き込みつつ、女性と労働者という弱者に、真の解放という飛躍をもたらすことができるかもしれない。世代間や男女間の断絶に死を含む自然の断絶が加わるとき、最先端の融合された文化の鍵となる。北海道は、列島四島を頭部、人の体に擬えたとき、脳の新皮質の働きにあたる。その中で試されるものごとは、従来の正統的文化からの解放という「破」を、一段階上の「離」へと飛躍させ、超現代の文化を成立させる場となることができるかもしれない。そしてそこまでしなければ、現代の人は夢を見ることができないのではないか。

2．日本と海

「島国」日本は海に囲まれ、外国との間は、海によって隔てられている。北海道を行政下に加える前は、三つの島から構成されていた。一つの陸地ではなく、主な島と二つの島が存在する国土は、日本らしい文化を形成する要因になったと考えられる。それぞれの島の風土に合うそれぞれの主張が、海によって守られ、日本に多様性を保全してきた。海による断絶ばかりではない。列島は背骨のように走る山脈によって東西に分けられ、谷や盆地の集落ごとに、異なる集団を形成してきた。背後に迫る山地と海によって囲まれた入江ごとに、方言のある生活が長く続いてきた。物理的断絶をつなぐのは、海と川による水運であり、稜線伝いの山道であった。それぞれの集団が産する自然の恵みを交換していたことは、考古学的に実証されている。

北海道の明治初期の、日本による運営は、外からは世界より注目され、内からは施政者である日本人の、吸収したばかりの科学的な目に照射されてきた。

人がほとんど住んでいない島で展開された歴史的出来事を、解剖学の視点から見れば、人間における大脳新皮質の発達にたとえられる。北海道の運営が国家の危機を回避する目的で行われ、なおかつその進出の成否は、本州以南三島の軍事力を左右する可能性があった。このような政治の事態は、日本においてかつてないことであった。

大脳新皮質の、特に視覚野の容積が増大したことは、人間と他の動物を分ける要因になった。それまでは人間といえど、考古学的時間を、脳の古層が司る生活本位に生きていた。江戸以前の三島時代の日本の歴史には、古層の脳の働きに敬意を払う文化がみてとれる。人間の本能的部分を尊重するということは、日本文化の生命線なのである。

本能は第一義的に、個人の生存本能であり、第二義は生殖本能である。生殖は人間社会に関係づけて、男女学ともとらえられる。

大脳新皮質を貫徹して脳の古層の働きを尊重するということは、第一義の防衛本能をのみこんだうえで、第二義である性欲を意識のもとに制御するということである。生命を受け継いでいく生殖行為を、人間の根本に位置づけずに、終わりをともなう生命の基礎の上に、人間の生殖行為を位置づけるのである。

大脳新皮質を脳の古層と関係づける思想は、そのまま個人の心の構造をいい、その人間の心を社会の岩盤とする。これは世界的に結婚の儀が社会的側面のみ強調され、血筋の継承を担う一端と位置づけられることとは別のことである。

現代日本における結婚は「女性へのサービス」という趣があるが、日本で女性に関する諸概念が言挙げされてこなかったのは、言葉以前の脳の古層に対する意識を、伝統的に大事にしてきたことと関係する。大脳新皮質は見ることが得意だ。「同じ」「違う」と感じるのは見ることから始まり、見えないものを感じるには時間を要する。時間のかかるものの見方がいちど修得されたのなら、その見方を伝承すればよい。これは単なる「女性の問題」でも、「社会的文化の問題」でもない。言葉を用いたときには壊れてしまうことに対する見方の問題なのである。これを改めて「女性学」として表面化させて論じたい。

乳児は乳首に吸いついて、「白い血液」と呼ばれる母乳を吸飲するのが仕事である。適度に授乳した乳児は目を瞑り、外界への官能を閉ざして、エネルギーを全身の成長に向ける。母親が高カロリーの食品を摂取するとき、乳腺が活発化して乳房の内から圧迫を受け、出るだけ授乳を続けて、消化能力を超えた量を与える。それは乳児の胃腸に過剰労働を強いる。体のあらゆる部分が急成長をする時期なのに、負荷のかけられた胃腸は成長が阻害される。生物の成長には成長の順があり、食糧の消化を強いられた個体は、一生つきあうべき胃腸の整備に後れをとる。与え過ぎた母乳が乳児の体を通過するとき、子どもに負の遺産を与えることになり、一生回復しない危険性をともなう。

守る側であるはずの大人の都合を押しつけられた弱者は、授乳後げっぷをする。それはそれ以上要らないという訴えである。大人が言葉にならない乳児の合図を感知しないとき、「たくさん与えられて満足している」と解釈される。乳児は合図が通じなくて泣き声をあげつつ「泣き疲れて寝る」。受動的な立場にある人は、生活すべてが「社会的」であって、自主的に生きる人が最終的に自ら境界線を引くのとは違って、自分で決するという営為が欠落する。

親は子どもが成人した後自立して充実した生活を送れるように望む。親はその子らしく生きることを願う。だがその親が、子どもを支配してしまうことがある。支配者になってしまった親が、子どものわずかな反応を捉えて、自分が問われていることに気づく感受性と資質を磨くのは、一朝一夕でできることではない。子どもにとって何が適度であるかを知る親は、適度な授乳を実現することが可能だ。胃が適度に満ちて、ものごとの程度という知恵を授かる乳児は、授乳する親との間に信頼関係を築く。

子どもの保育と病人の看護や老人の介護は、共通するところがある。看護人は患者が病気から回復した後、よりよい生活を送れるように習慣を見直す指導をする。介護人は死後の世界をよりよく過ごせるよう死を見守り、見送る。自分の生活を他人に依存するのが共通しており、重要なのはその期間を終了した後に、本人が送る暮らしが、その依存期間に左右されることである。

子どもの保育は、現に親が送っている生活に、生まれたばかりの生命を導入することでもある。乳児を「同じ」人間ととらえるのは、目に見えない同質性に眼がいくときである。現代日本の生活では、赤児の保育と、死後の世界との距離を想定することはほとんどない。成人が織りなす社会と生前および死後の世界を、「同じ」「違う」と判断をするには、見えないものを見る時間と経験が必要になる。成人同士でも異なる性を「異性」、自分と同じ性を「同性」と見る。個人の世界を判断するときも同じで、目に見える「違い」に共鳴して、目に見えない「違い」を汲みとるのは難しい。

人間を発見するには、時間と経験に加えて本能を超える熱狂が必要である。子孫を残そうとする性欲と性器は合体に向かうゆえに、性において人は異なる性質をもった者に引かれる。人間の性欲と性器を「同じ」と短絡するとき、男女は「同じ」人間であることを知ることはできない。このような熱狂は自己愛のレベルに留まる。

男女一組を基本の自然な姿と考えるとき、「違う」も「同じ」も乗り越えるだけの「熱狂」が必要となる。そこまで掘り下げて、性が「違う」ことに眼が注がれたとき、はじめて違いが「同じ」に転じる。性こそが社会を健全に保つ機能を有することを知るのである。

授乳期の女性は乳児を守るために、本能的に警戒心を抱く。日常空間に自らの血を与えなければ育たない生き物がいる。子どもを産むために働いた妊娠ホルモンがここでも作用する。味方と認められない場合は攻撃をする。その本能を超えたとき、女性は「人間」への「熱狂」を呼び起こし、自らに刻印する。

だが自決権を許されない人は、支配者の一挙一動に熱狂する。それはあらゆる生物に見られ、とくに女性は日本ばかりでなく世界に共通して、生まれてすぐは父もしくは兄に支配され、結婚してからは夫のもとに所有されてきた。そのような状態におかれて男性に向き合う女性の精神を熱狂と呼び、社会によってやわに、依存するように仕向けられてきた女性の歴史は、熱狂を恒常化する機能があった。

このような女性の人間一般への情熱は、同じ人間の熱狂であるのに、異性が熱狂するのを見て男性は、女性は乳児の防衛のために熱狂し、異性に対しても熱狂するとしてきた。この判断に基づいて男性は、正統史において女性が語ることを許してこなかった。理性を優先させることを選んだはずの歴史には、肉体につながるだけとされた女性の「熱狂」的思考は不要であった。

閉鎖空間におかれた人間にとって、依存と支配は、単なる対立する現象ではない。その精神状態は随時、相互に入れ替わり、ともにある甘美な陶酔をともない、なおかつ中性的な性質をもつ。

熱狂を女性のみが持って生まれる資質と考えられている間は、正統史に描かれる女性は、沈黙を強いられるだろう。人は表すべき言葉がないから沈黙する。人間に意味のある言葉を、生物として共通なものから掘り起こす。女性と日本人男性は、自覚的にそういう動きを起こす必要がある。

目に映らないことを信じる勇気がなければ、真の「熱狂」を認識することはない。真の「熱狂」を見ることを「心の眼で見る」という。その認識を備えもつことを「複眼」という。世界のいずれの都市宗教でも、複眼的に「見る」ことを根本的な祈りとする。悟りに達する者は100万人に1人という。目に映るものをのみこんでなお、もうひとつの目を開き続けることはそれほど難しい。

眼前に迫る異性の容姿を平らかな眼で見れば、その先に人間が見えてくる。人間を見続けていれば老いを見、老いを見続けていれば死を目にする。日々、自分の見方は変わり、死体が時間の経過とともに見えないものへと解けていくのも見る。

死にいく者同様、生まれくる者についても見ようとする用意がなければ、生まれたばかりの子の立場に立って将来を見ることはない。男性からすれば、生まれてくる命が自分の子どもであることは、体液を女体の見えない奥へ注ぎ込み、自分の精液が胎内に入ることを想像しないことには信じられない。男性はその見えない過程を信じるしかない。人は女からしか生まれないということの理解をもとに、生まれる子どもの一部が自分と「同じ」と思うしかない。子どもを自分の一部と自覚するには、男性は女性より困難をともなう。受胎の過程が目に見えないのは、女性も「同じ」だが、女性は自分の体でその過程を経験し、知ることができる。女性といえど、ひとりで子どもを産むわけではない。妊娠に対して女性は、男性より「冷静」である。

子を生むお腹をもつか否かは分かれるが、この世に生を受けるのは等しく、母親のお腹からである。生まれてはじめて一生つきあう性を得る。成人して新しい生命を生むときは、人にはどうしようもない過程を経る。死ぬときは男女の別に関係なく、孤独に死ぬ。死んで、やがて物質となる。

性の異質性と同質性を認識するには、大局的判断と小局的判断を要する。小局的には現在の支配的な文化における常識を要し、大局的には生命論に基づく性の認識が必要である。生命科学が発展した現代、何を基準に大局的な判断を行うかを見直すことが可能になる。その見直しにしたがって、小局的な共通事項を考え直すのである。性をもつ個人が男女の差を超えて、それぞれの認識を両立させるには、自分の目でものを見て、考える時間のある社会が不可欠である。人間として同じといえど、目に見える性の違いを消し去ることはできない。目に見える性の違いを超えたところの人間性において、性は公平であるということである。そこまで見通した人は「見えない」ことを信じることができるだろう。

だが、いちばん公平さを欠くのは、自分に対してなのである。私たちは自分の容貌を知っているつもりでいる。写真に写った顔や鏡に映る自分を見て、見たつもりになる。人は顔の左右についている目でものを見るが、物体に反射した光の作る色や濃淡を、反映するのは視神経である。視神経は受像した信号を脳で再構成し、判断中枢に流す。人が自分の顔と判断するには、光が顔の微差を読み取り、もうひとつ、平らな面をもつ物質に突き当たり、乱反射することなく反射しなければ、視神経は判断中枢に自分の正確な映像を送らない。その時点で、実際の物質から多くのものが失われている。

見えない自分の顔は、実際の情報ではなくて、「見る」経験を含む記憶の集積なのだ。大脳皮質が大きくなったことの意味は、光に対する脳の受容能力の拡大である。光に対して鋭敏になった人間は、「見る」ことによる「情報」に敏感である。

男女は性の交わりに至ることにおいて、情報交換を行う。男性は、見映えのよい女性の顔を「見る」。女性の複雑さを知らずに、複雑だと表現する。女性は、別々に生きてきた人生の複雑さに対峙する。現代の性は快感による交歓に短絡しがちであるが、体を人に与える行為は、情報を交換し、情報を融合する機会でもある。性の違いを越えて、融合を促す自然の恵みは、恍惚感の享受だけではなく、生殖子の受精という、まさに情報的物質の形成であり、相手の体を肌で感じることは、自分の肉体を通して、相手が体に宿らせてきた思考を読み取ることでもある。

肌で感知する情報は脳を巻き込む程度が「見る」能力とは異なる。皮膚で感じた熱い、冷たいといった情報は反射中枢に流れ、それは脳の記憶と関係しつつも、体に直接的である。脳が受け取った後の光の処置は脳がひとりで進めてしまう。その点で「見る」ことによる情報は脳に直接的である。

複眼を体得することの困難さは「見る」能力が、経験と記憶によって再構成されるところに要因がある。経験を積むのは本人であり、その経験の記憶を本人が制御することはある程度可能である。だが複眼は、見る経験だけで獲得できない。より多くものを「見る」ことが、よりよい判断に結びつくわけではない。よりよい判断はより多くの記憶に基づくという考えは、記憶を物質化するところから生じる。

複眼は見る能力よりも、物事を見定め、経験を厳選し、記憶を鍛えるという意思と関係がある。「見る」ことが脳と深く関係する以上、意識的に裏づけられた経験が多ければ多いほど、より優れたものの見方を脳に蓄積することができる。

乳児に対する授乳側の不理解は、「見る」判断が一方的であることが問題であった。依存する乳児と依存される女性の間に「見られる」側と「見る」側という支配関係が成立する。そのなかで相互の理解関係が成立するためには、強者が、表現力の限られる弱者の立場を汲みとる采配が必要である。そのことは、女性と子どもの間の問題だけではない。懐妊を見守る父親と母親の間の問題でもあり、男性と女性の出会いの問題でもある。

容姿は「見る」視線に曝される。性行為中の女性の表情は、男性による女性の評価の対象になる。その同じ「見る」側に女性は、懐妊にいたる期間にほかの男性と関係を持っていないか監視され、支配される。支配側の男性には、十月十日の平均266日に及ぶ妊娠期間および出産後、女性の身から離れる赤児を、自分の家系のものとしうるかという問題がつきまとう。保育期と介護期を外した人間の世界における、男性と女性のどちらが弱者であるかということは、深海のごとしである。

海と山に囲まれた日本の村では、これを逆手にとって、年頃の娘のある家に、若衆のうちの誰がその日夜這いに行くか決めた。結婚をして生まれた子どもが、村の誰に似ていても村で育てたのだ。その代わり村の者でない男が、村の娘に横恋慕することは御法度だった。閉鎖性を前提として、男女間の依存性を最小限に抑え、人間として男も女も自立性が健全に認識される方法といえる。社会の規模が小さく、平和であるとき、日常の作法と生命の作法が両立される事例である。

島国にとって海は防衛の役割を果たす。人は平地以外では行動が制限される意味で、山は閉鎖性を保つ役割を果たす。カインとアベルでは兄のカインが弟を殺すが、日本の神々の海彦と山彦兄弟は、海が山より先にできたにもかかわらず、弟の山彦が兄の海彦に勝つ。海と山はともに恵みをもたらすが、いったん姿を変えた日本の山は災害となって人を襲う。地震・津波と急峻な山を下り落ちる洪水は、ともに火山に由来する。島という限定された空間で起きる災害が大きければ大きいほど、地上に生きる人間に、自然の摂理を知らしめ、地域の自然と人間が切り離せないものであることを人々に刻印する。こういった地域での文化は、生身を離れた立場から人の生死を問いつつ、問うことを社会的に忘却する習性を有する。日本人にとって生きるということは「この自然の中で」生きることを意味する。

インターネットと飛行機の時代になり、女性が社会に出て男性と同じ職場で働くとき、社会構造に組み込まれた女性は、女性としての感性を活かす場を失う。女性を労働力として確保すること以上に重要なのは、日本のかつての村社会の、いい意味での閉鎖性が失われつつあることである。

人間の本能は、区切られた、村のような空間に閉じこもることを快とする。この海上の島で培われてきた複眼的な価値観は、いま「見えない」自分を言語化することが求められている。女性が社会進出をすることは女性が自己の文化に照らし合わせて自覚する、日常的な言語の獲得につながってきた。現在こそ性差を認識論のレベルにまで上げ、かつての閉鎖性を、開かれた閉鎖性に転換するときである。

3．性の型のもたらす問題

日本の女性は優れて自国の男性に理解されてきた。そこに、人間的公平な視点において追求していく勇気を、筆者は見出す。

まず人間の生殖機能にしたがって、男性、女性と子どもの三者に、議論を進めるのに用いる名称をつける。男性は「発動」する当事者としてとらえ、女性は「過程」を維持する当事者としてとらえる。生まれてくる子は「発動」された「過程」を「完成」させる当事者とする。「過程」の当事者である女性は、「完成」の当事者である子どもが、自分のものであることを主張できる、自分の体を使って「完成」の当事者を世に出したのだから。幼生形態による出産の「過程」を他人に任せた手前、自分の子であることを「発動」の当事者は主張できない。この名称は追求が終了したとき、見直すものとする。

「発動」の当事者はただ黙っているわけにもいかないため、不倫をした女性側のみへ罰則を科した。自分の体から出たものが「完成」の当事者の発生にかかわるのはわかっても、その「完成」の当事者が自分の「発動」したものによるかは断言できない。時間をかければ「完成」の当事者が自分に似ているか似ていないか判断できる。もっともこれは主観的判断に陥る可能性がある。子どもが成長するに伴って両親の面影を映し出すまでは、「過程」の当事者のもとに子どもがあることを、両性の家系が納得したとしても、幼児の成長には数年かかり、新生児の養育にかかる負担は大きく、当事者の力量の域を超える。これに対して「曖昧」であることを受け入れて時間が答えを出すのを待つ、という知恵がかつてはあった。

ヒトは生物学的に強化された性欲を備え、その中でも「発動」の当事者は強いといわれる。外性器の大きさに対する自信があればあるほど、欲は募り、肉体的自信がない人は、ほかの人の性に対して畏れを抱く。「発動」の当事者はほかの生物に対して二重に本能を働かせる。ひとつは同性に向け、もうひとつは異性に向ける。この二つの本能は男性によって社会化されてきた。

つまりほかの「発動」の当事者に向かって性欲を制御するため、支配者は「発動」の当事者に対して、なんらかの強制をかける装置をつくることに成功する。本能になんらかの理由が施されたものが社会構造の根本を構成するとき、ほかの「発動」の当事者間に信頼を無力化する力が浸透する可能性も生じる。さらに力は、それ自体を強化する力をともなう。

支配者の本能が優位にたち、支配者の本能が、実現される。ここにほかの「発動」の当事者から「同意」を得ることにより、二つ目の本能を実行する。「過程」の当事者を一方的に「見られる」立場に置き、行動を制限するのである。「過程」の当事者の交流関係を見張ることによって、生まれてくる「完成」の当事者を社会的に確定された位置に所属させる。「過程」の当事者には、「見る」立場の「発動」の当事者以外の「発動」の当事者たちが、性欲を「発動」させることを恐れさせ、「安全を期す」ことを優先させる。「安全」のための規制を歓迎する「過程」の当事者は、被支配者間の不信を増長することに加担する。抑圧された「過程」の当事者は、他者の行動を制限することが習慣化する危険がある。

こうやって支配者が力を発動する瞬間に、支配される個々の間に「断絶」が生じる。

力を用いるだけではサル山と変わらないのであり、人間にはこの動物性が根本にある。人間を人間たらしめるものを探さねばならない。それを把握したうえで、人が運営する組織をつくる。「発動」の当事者同士における性欲の制限は、教育という制度を通じて実施される。元来「発動」の当事者が社会的規範を共有し自分の言動に責任をもつことを強調されるのと根は同じでも、制度化された教育には、断絶をともなう危険があるという見方が可能である。

「過程」の当事者は、家という箱ものの内側に、行動を限定される。家の内に外から断絶させられた以上、「教育」を受けた息子や夫という、「発動」の当事者たちが帰ってきても、「過程」の当事者の外界との接触は、二重の意味で絶たれるのである。

文化装置は、ひとり歩きを始める可能性がある。文化装置とは生命の生理を離れて、社会に必要な機能を外在化させるものである。社会が拡大し複雑になるにつれて、生活からの乖離度は増す。規制は強化されればされるほど、破綻する可能性が高まる。「発動」の当事者が規制を強制し合うところに、戦争がある。社会の破綻には、性欲の暴発がともなう現実を、人は忘却するが、自分を取り巻く社会が強制的であるとき、それを跳ね除けるために、男性と女性という根本に戻ることが有効であることを、「発動」の当事者は本能的に知っている。敵の「過程」の当事者を攻撃することは、文字通り性欲の暴発を示す。同じく根本に戻るとしても、日本の私小説は、制度を建て直すための建設的な文学的模索であったと筆者は考える。

過去三千年の有史時代、つまり歴史の大半において、文化装置の作成にかかわってきたのは、世の中を自由に「見る」行為を占有してきた「発動」の当事者たちである。社会を構成する諸々の文化装置の基本には、男と女という人間の生理がある。「安全」論に基づいて断絶が成立し、不安定であるゆえに男と女が備える豊かさが骨抜きにされる。男女という小さい輪に端を発して、両親、祖父母という家族と他人、個人と組織、自国と他国へと大きな輪が築かれてきたはずなのに、いつ、どこから、断絶がつけ入る隙を生じてしまったのか。

　正論として社会を代表する統治者は、構成員が、不利になる可能性を極力抑える必要がある。自ら不利になったときにこそ、ほかの力を胎胚する社会を育てるために、自制する心を肝に銘じるべきである。社会が洗練されればされるほど、権力は社会構造に埋め込まれ、その存在に気づくことが難しくなる。強制力は表からは見えにくいものである。権力者は装置の内部に、ほかの力を制御する構造を装備する。「完成」の当事者をはらむ「過程」の当事者は、そのことを母親や妻として認識しえているだろうか。

　文化的諸要素には性構造の違いが散見され、女性から見て不便の感を拭いきれない。文化装置は発生以来、核となる部分に性の違いをもち、それはつまり性の扱い方に、「発動」の当事者の感性が採用されてきたことを意味する。「女性は単なるセックスである」ということは疑問の余地がないことではない。妊娠は単なる妊娠ではないし、出産や生理も、単なる出産や生理ではない。授乳も単なる授乳ではない。これらにともなう感性は、「発動」の当事者に理解されなくてもいい。人間社会は21世紀を迎えても、認識に違いがあることを、多くの「発動」の当事者に理解されていない。それがなってはじめて「過程」の当事者が真の意味で社会進出することになる。

「発動」の当事者は祈りをこめて社会を築いてきた。社会という規制装置が築かれていくのを、「過程」の当事者は単に「見る」対象にしてきたわけではない。外在化されたさまざまなものを生活が彩られるために享受してきた。それをいちど切り離したうえで「過程」の当事者に戻す。「過程」の当事者のもとには、性の奥底にある最も人間的な言語化される以前の生が、埋もれている可能性がある。

文化装置を生命の生理から離したことによって、人間の生的側面を押し殺そうとする力が装置に備わった。「過程」の当事者は、その世界の営みを「見」直す時期が熟すのを待っていたのではないか。いちばん身近にいる人間からその力を払い除けるときが訪れるのを待っていたのではないか。

女性はたしかに生殖をする。その生殖は女性の生に、どのように関わるのか。産むということが、産む本人である女性たちに、どう影響するのか。待つ行為は、見えないものを見ようとする継続的な努力でもある。生命を維持する複雑な生理は、ひとつひとつ解明されてきた。「過程」の当事者として生きるということを、現在なら明文化し外在化させることができる。「過程」の当事者が社会進出をして社会に組み入れられても、ひとたび「産む性」として家に入れれば、忘却の彼方に存在が追いやられる世界はたしかにある。「完成」

の当事者を産み育てる営みは、世間から忘れられ、孤絶した世界に押しこめられる。家という箱の中の孤独は、生きようとすればするほど、ヒトを自然から断絶する。大きくなったシステムは人間の生を、公然たる攻撃にさらしてきた。その世界に終わりを告げるために、男女が分断された社会をいちど受け入れる。

女性性を情報化して、批判に耐え認知されたものを通して、文化は、女性性とも切り離せないという理解を確立するのだ。人間が人間を産むということは自然の中で、どういうことなのか。性交渉と家という場が文化の発生の原点だとするのは仮定ではないのか。人間が、男女の別によって分断される瞬間を拡大して視るとき、社会は既存の権力の構図を手放すことは可能だろうか。それは人間という存在を見直すことにはならないだろうか。

第2章　生命と記憶

1.「1」と「0」

昭和14年『零の発見』という新書が岩波書店から発行された。この本を古本屋で買って、これほど当たり前に使われている「0」は、発見されなければ存在しなかったことを知った。数字は「0」から始まり「0」以降、無限大になると常識的に思っている。「0」が発見された歴史によって、「0」が特殊な数字であることを知った。

数字全体がそもそも概念であり、文字なのである。なぜ「0」という数字の発見が問題であるかというと、ものを数え上げていくという「1」以降の数字の性質に異とするからである。しかも発見された順序が「1」以降から「0」へと、使用する場における順序と逆なのだ。

これは性を数直線で表そうとしている本書の方法に関わる。複雑に絡み合う性を考察の対象にするには、数字で表すのがもっとも公正で、誤解を生じるのを防ぐ有効な手段である。それほど「0」の概念は、性によって命が生まれるという考察を思い描く力を備えている。何も無いところから生命は生まれるのだ。

『零の発見』では、釈迦の教えが「0」と同根の概念から発した、として東洋に広がった宗教が東回りで日本にいたると、歴史を深読みすることを興味本位に流れてはいけないと釘を刺している。だが初版から85年を経て、医学および生理学、性科学の発展があり、人間における性に関する考察が、宗教史を再考するうえで有効となる可能性はある。

　数学の体系的歴史における数直線の概念は「連続」の問題から生まれた。性を表そうとするいま、数直線が「0」を中心に表記される現在の形は、男女間にある断絶の問題を考えるのに、必要な視点を示唆する。それは「0」が性を拡大して見るのに重要だからだ。数学に託した考察は、文化的視点から見た性を、両性間で比較しやすい形に表す目的に適うばかりではなく、「0」によって性についての文化的考察を深めることができるのである。

2．数字と歴史

現在私たちは「アラビア数字」を使っている。アラビア文化において発明された9種類の数える文字と、「0」による10進法を、採用していることを意味する。「0」以外の数字は、具体的な物に対応し、現在でも「日」数を数えるときは「0」を数えない。地球が自転をしながら、「日」をもたらし太陽を1「周」すれば「年」になる。「年」は365進法でもある。「時間」には時刻を指すときと、長さを表すときがあるが、長さの場合は、距離と同様に「0」をはじめに設定する。

10進法は、小さい方から数字を積み上げていき、9個揃ったうえにもう「1」個を加えようというとき、左隣の位に移行して、もう1回、いちばん小さい数字から積み上げる。そして2つ目の位に渡るときは、数えた「9」に1個を加えた塊を、「1」組とするという約束である。2つ以上の位を使って表記される最初の「10」という数においては、そのひと塊が1つ、2つ、3つと増えていくことを示し、数を塊としてとらえる抽象概念を含む体系へと移行する。

1の位の「0」の数字は、「ない」という意味の「0」ではなく、「揃う」「満ちている」という意味である。この「0」の機能を位取りという。この「0」は9種の数字が当てはまらない1「個」を表すべく機能し、計算の約束ごとを1「組」として扱うことを述べる。10進法であれば「10」個に「揃った」ら、その1組を次の位の「1」として扱う。この抽象的な機能を表すのが位の仕組みである。強いていうなら「ない」意味の「0」は、積み上げてきた数字を「なくする」つまり「使わない」で済むことを表し、抽象性と計算の効率性とが一対になっている。

ものを数えるときはふつう目的がともなう。数えるという行為は、ものをほかのものと吟味して、同異を判断し、同じとされたものを積み上げることである。そこには集団から1つのものを取り出して、その集積がより大きな記録になることを望む心理が働く。数字による表現はシンプルであるも、無限をよしとする傾向がともなう。

ここでプラトン哲学の方法を真似して、「0」が発見される現場を体験してみることにする。プラトンは哲学者ソクラテスの弟子であり、その時代のギリシャは、ヨーロッパにおけるルネサンスにおいて西洋文化の原点と位置づけられる。

果物が10個籠に入っているとしよう。その内訳は無花果《いちじく》3個とみかん7個で、これを4

人に公平に配ろうと思う。籠を持って客の前に行き、「1」個ずつ果物を置いていくとする。無花果を配ったら4人目に来たとき足りなくなる。みかんを配ったら「なく」ならない。

食事に添える目的であれば、木がどの家にもあるみかんでよい。だが旅人からもらった無花果を、賞味するのが食事会の目的だったとしたら、1人「1」個では人数分は「ない」。無花果を四つ割にすれば「1」個で全員分を賄え、半分にすれば2個で4人分賄える。分割した果物を、隣に配られたものと合わせれば形もわかる。

舌で触れ、ものを味わい、食す。物は食べて「なく」なるが、味覚と感情とその場の記憶は残る。自然に生きるものは、食べて安全な物を忘れない。物を知ることは記憶装置と肉体の相互作用である。無花果を食べて美味しいと感じて、その記憶がつくられる。無花果はみかんと山葡萄と比べても「美味しい」と思うとき、ここにその物が「ない」という実感が意識に上る。

無花果が自分の経験として納得されてはじめて「ある」ことが成る。この世に「ある」、という豊富さの範疇の前段階がなければ、「ない」ことは想念化されないのである。生命に記憶が「あって」物が「ない」とき、「ない」のはその記憶に残った「ある」物である。「ない」ことを自分の中の必要な事実であると認めるのは、「ある」経験の後である。「ない」ことが自分の中に事実となって迫ってきたとき、旅人が無花果を携えて訪れてきた事実が思い出される。やがて旅人の再来に要する時間が過ぎ、それを待つ労力のせいで、記憶は薄らぐ。記憶に残す理由と欲に固執する理由がなければ、無花果の代わりに山葡萄を食べて日常の食欲を満たす。潜在的に選択肢が広がったことは、自分の領域を出たとき生き延びる機会を増やす。

旅人が来た方角へ行って苗を求めるのは容易ではないが、木があれば、みんなでまた食べられるということを思いつく。無花果を食べても、種ごと消化してしまうのではなく、残りの実から種子を採る。その種を植えて芽が出るのを待ち、木を育てあげて、何年もかかってようやく無花果を口に運ぶ。何十年かして木が倒れても、こんどは接木で育つ。美味しいという感情や記憶を呼びおこすことと、欲求を満たすために行動を起こすことは別な仕事である。無花果を導入することに意味を見出し、それに賭ける動機を自分のものとする。そういう行為ができるのは人間のみだ。

このように「ない」ことが発見されるまでには、ものごとを積み重ねて、数えるという数詞を使う段階があるのである。

「ない」という概念はユーラシア大陸の中央で発生する。ネパール、インドやパキスタンといった土地には、世界最高の連山がある。先史時代にユーラシア大陸とインド亜大陸が衝突して、大陸が海底から隆起してできた褶曲山脈である。衝突のエネルギーがいかに大きかったか想像ができるだろう。高山が「ある」地域で「ない」という概念が発生した後、しばらくしてから位取りの機能は発見された。人は自分が満たされてのち、人に分ける。豊かさの範疇である「ない」ところから、位が増すごとに、累乗する計算方法は、豊かな商取引が行われるようになって、その記録を要する社会が発現するのと並行して現れる。

大きな数の表記法が発見された当初は、左から書き始めるインド文字では数字と数字の間に空白を置くだけであった。例えば「201」という数は、「2」と「1」という数字の配列に、間をとる。必要最低限の記録方法である。空白は、算盤の玉の代わりであったのかもしれず、やがて玉が「0」となり、位取りの記号として用いられるようになる。

位取りの機能が形をとる契機は歴史に残されていない。数字が発見されたのは紀元前を遡ること数百年以上であり、それから紀元5、6世紀のころまで、千年単位の年月を、位取り表記の導入までに要した。位取りの概念はインド以外に、世界の2地域で、独立して発見されている。数字史上、人類史的な、画期的な事件である。

3．数学と物理

位取りの記号が生じ、ますます筆算機能に優れたインド数字は、アラビア世界を経て北ヨーロッパに入る。位取り表記以上の意味を「0」が獲得し、「1」以降の数字に連続した位置を占める。それは換言すれば、インド数字に由来する「アラビア数字」に、計算表記としての「0」が組み込まれる段階が訪れたことを意味する。離れた地域への長い旅が容易ではなかったのは、数学そのものが発展をしなければならなかったからである。数学によって「0」が再発見されるには、人々がそれに見合う計算を必要としなければならなかった。

紀元前9世紀ころ地中海に面するギリシャでは、文字を発明する前に、フェニキアの文字が移入される。他者の記号を受け入れたことが、文字を使用する書き言葉よりも、話し言葉を重視する傾向を生んだのか、話し言葉を重視するゆえに書き言葉の発明にいたらなかったのか。哲学においても、口頭による定義づけが優先された。

ギリシャ数学においては定規とコンパスのみを用いるという美学が貫かれた。直線と円という基本図象による計算に意味を見出す。紀元前5世紀のゼノンのころ、物理学的な時間の問題がすでに指摘されていた。紀元前3世紀ころに生じたユークリッドの幾何学は、土地を測り面積を計算する実務に根を張る。視線を上にあげ、天文学において距離を測るとき、観測地から距離を計算するための計測点の設定が必要となる。アラビア世界では、8世紀末から9世紀初頭にかけて「ユークリッド原本」が一部翻訳されている。

アラビアの数学者は、インドの天文学者を通してギリシャとインドのよいところどりをし、筆記計算にインド表記を採用する。代数学を発展させ、三角法を発見する。

13世紀、ヨーロッパから見た東にモンゴル帝国が起こる。東方からの威風に曝されたアラビア世界は縮小し、ヨーロッパ内部ではヴァチカンの宗教的権力が縮小する。14世紀の末、ルネサンスはヴァチカンを擁するイタリア半島で起きる。歴史的な断絶の後、ある文化記憶を場所を移して見直す。感情を削り落とした眼は、過去の文化の「終わり」を見つめ、新たな文化の「始まり」を映す。ルネサンスは広くキリスト教諸国にまたがり、およそ2世紀続く。

15世紀、イタリアには製紙業が起こり盛況を呈す。西洋紙はパピルスや獣皮紙より大量に生産できる。紙の普及は、記録の作成と筆算を促し、ここにいたって西洋数学に、より大きい数字に限り、位取りの記数法が完成する。インド数字に位取り表記が生じてから、およそ千年が経つ。

大陸では13世紀に起きたオスマン帝国が西方へ勢力を拡大し、その版図は17世紀に最大期を迎える。大きな数字の位取りが確立された15世紀末から16世紀初頭は、ヨーロッパ世界が海へ出て行く時代でもあった。距離の正確な計算に基づいて、帆船を駆ってイベリア半島から海へ乗り出す。この時期の日本に、西欧の最新の火器が伝わる。

「1」より小さい数を表記する位取りの方法は、16世紀末に定まる。大きな数字とは逆に、10進法であるから「1」を10分割していく。分数は、早くは紀元前6世紀にエジプトで発見されているが、この新しい表記では、1の位の右下に小数点を添え、桁が右に行けば行くほど小さくなる。

正方形の面積は辺の長さの二乗であり、辺の長さが1のとき面積は1である。円は直径が1のとき正方形に内接する。その円の面積は、正方形の面積より小さい。円を少しずつ大きくしていったとき、半径の二乗に円周率をかけた円の面積が正方形の面積と等しくなる瞬間があるはずである。これによって表面化したのが、循環しない、無限小数の問題である。これは分数では、表せないのであった。

また小数表記は分数表記と違って、数の大小を一目で見比べられる。怪しい数字、πの円周率こそ、循環しない小数であった。一定の比をとらない数でも、大小関係が把握できれば、前後の位置関係にかぎって特定できる。無理数が発見され、「0」を使う思考が可能になるが、まだ近代数学にはいたっていない。

17世紀の初頭、スコットランドのネイピアとスイスのビュルギがほぼ同時に対数を発見し、筆算が進歩する。対数表が売り出され、計算尺もイギリス人によって発明される。

現代数学で用いる二次元の座標軸を生み出したのは、フランスの「われ思う、ゆえにわれあり」で知られるルネ・デカルトだ。1637年の「方法序説」で、初めて2本の直線を垂直に組み合わせ、その交点を原点とした座標を使って解析幾何学の礎を築いた。デカルトはギリシャの文化人同様、数学者である以上に、哲学者であろうとした人である。

産業化する前のイギリスはロンドンを決まった時刻に散歩するのは、1642年生まれのアイザック・ニュートンだ。この西の島国は、かつてユーラシア大陸の一部であった。海によって切り離された海岸は、白い絶壁が露出し、台地は平原をなす。

暦（つまり数）を制するものは世界を制する。産業革命からデジタル世界まではひとつづきであり、西欧諸国による植民地化からグローバルな社会観は、同一の世界観の下にあるといえる。物理学と数学という科学の二本柱には国費が投入されて、宇宙へ進出する技術を生む。

当時のヨーロッパでは学術書はラテン語で書いた。ニュートンもまた物理学者であると同時に、数学者であり哲学者である。公式文書を漢文体で起草していた日本と似て非なるもの、キリスト教において本を上梓することは神に奉仕することでもあった。古典物理学の主著初版が出版されたのは１６８７年、45歳のときである。

ニュートンの主著を遡ること10年の１６７７年。日本では徳川家第四代征夷大将軍が任ぜられたころ、ドーバー海峡を越えた大陸のオランダで、レーウェンフックが顕微鏡を使って、動く精子を観察する。微生物を拡大して見る道具が発見された事件である。

科学的な道具の発見であるにとどまらない。この発見は男性論を展開するうえで、社会的な転期となるとみる。「発動」の当事者は何千年いや何百万年と、夢精や自慰行為によって精液を、自分で手にとり目にしながら、構成物を確認できなかった。「０」にかぎりなく近く、見ることの叶わなかった生殖子が確認される。小さいものが自ら動くこの発見を、心から拍手喝采をもって表彰したと想像する。

小麦粉を水に溶いて加熱したような液体の中に、構成物を確認する要を感じてきたのは、「発動」の当事者自身であろう。夢を見たのは覚えていて内容を覚えていない、そんな時を過ごしてきた。ものを成す自分の証拠の獲得に驚き、それによって永遠と思われる困難ですら、克服する勇気が湧く。喜びをもって精子を目にした後では、世界を変えてやろうという野心に火がついたに違いない。いまや「産まない性」が営む仕事は、社会を変えると信じられる。

ニュートンは、透明性の高い言語であるユークリッド幾何学に依拠して、無限に分割を拡張する方法である、微分積分法を発明する。ニュートンの関心ごとは、宗教的権力と政治権力の向こうにある真の神の領域であった。地球上の物体と宇宙にある物体が同じ法則で動き、「太陽を中心とした1つの系である」としたニュートンの自然科学は、数学と物理学を融合し、宇宙にあるものと地上にあるものに、同じ公理を当てはめる。ニュートンの中では、地上に発する定規を天上に延ばす、統一された事業なのである。無神論へいたる伏線と位置づけられる一方で、「わたしたちが住む地球」を認識可能にしたのもニュートンである。

つまり古典物理学は、方法論としてはまだユークリッド幾何学に立脚する。位置に時間を加えて、構造概念を理解するには、19世紀のベルンハルト・リーマンの出現を待たなければならない。リーマン幾何学はデカルト座標に数直線を1本加えて三次元を表し、その三次元の立体的な位置関係に、時間のtを加え、四次元の座標を表す。このリーマン幾何学に移行して、はじめて時間とともに物質が移動する宇宙観を表現することが可能になる。歪みを表現する四次元的追究が行われるようになるのである。

20世紀に入り、負の数同士の掛け算が正にならないことを、数学界は受け入れる。イギリス人である数理物理学者ジョン・ペンローズは、光子を観察して、その運動が歪むことから予想されたブラックホールを、数学的に一般相対性理論と関係づけた。エッシャーのだまし絵に似たペンローズ・タイルの作者でもある。ニュートンが死んでから262年、1989年に『皇帝の新しい心』(邦訳1994年)が出版される。『皇帝の新しい心』から数直線についての定義を引用する。

実数直線は「実数が両方向に無限に伸びている1本の直線という幾何学的な図形として構成でき」、その直線上の「特定の点に0というラベルを貼り、もう一つの点に1というラベルを貼る。点2は1からの変位が、0から1への変位に等しくなるような場所に置かれ」、「点マイナス1は0がそれと1の中点になるように定められる」。

何千年もかけて「1」にかぎりなく近づく円積を求めてきた人々の夢が、この定義の中に沈澱する。

方向を与えるベクトルの概念が生まれ、連続する数は両「方向に」無限に伸びる性質が直線に与えられる。両方向の直線の起点こそ、「特定の点」であり、「0」である。ここに「0」の数字としての位置が確定される。位取りの表記はここまできたのである。

「0」の発見以降たどった数学史のある一瞬の姿を、20世紀の数学は映す。金額の計算や、時間や距離の表記は概念構造の骨格をなし、数字の変遷は数学に留まる問題ではない。日常に使う数字は、社会に流通する数の表す内容の歴史でもある。数字は社会構造を凝縮し、ほかの概念同様、あるいはそれ以上に、社会構造を変える。数字は梃子のように社会の変化を促し、人の世界観を変えてきた。

実際は「1」をラベリングするところで、この数直線によって、無花果を表すのかみかんを表すのかを決めなければならない。果物という一般概念をもってきても「1」個目は無花果、「2」個目はみかんということはありえない。ニュートンは「1」を無限に分割するといい、みかんは皮の中に十数個の房があり、「0」に無限に近づくとき、みかんはジュースとなる。点「2」以降の間隔が「0」と「1」の間隔に等しいというのは、丸のまんまのみかん「1」個単位基準にしたことを指すのであり、房に分割してはいけない。

さらにマイナス「1」個の無花果について、それは「ない」ことを意味しない。マイナス方向は、現実に「ない」無花果を超えて、ここではなく、どこかで、プラス方向同様に、無花果が永遠に、増え続けることを意味する。数直線において「1」は、プラスマイナス関係なく「有」の化身となる。「0」を真ん中にして両方向は「有」の世界である。「1」単位を、10分の1や1000分の1センチメートルにして、どんなに小さく分割しても「ある」。たとえ見えなくてもそこに「ある」。その中に無理数が紛れこむ。

人は、いま「0」の意味を本当に知っているのであろうか。「無」の想念はあっても、その無の想念が「ある」想念と定義を共有し、「ない」という状態が実存在から消えてしまっている。

4．西回りに東回り

いまやどの国の教育も、自然科学とそれを応用した社会科学を含まないものはない。デジタル世界で活躍する人を輩出するインドには、かつて「無」を生みだした数学や法律に長けた血の豊かさを窺うことができる。高い山は魂の拠りどころになるのか、世界最高峰の山々が連なるこの地域には、生前の記憶を持って生まれてくる子どもが少なからずいる。魂はふつう目に入らず、科学によっても数えようがない。魂が光を発するのを見た人にとって「ある」経験になるものの、魂について人は知らなすぎるため、魂が「ない」といいきれない状態にある。

大多数の人が記憶をもたずに生まれてくるなか、それらの少数例から判断すると、「記憶」は失われるよりは、維持される性質をもっているようだ。生前の記憶のある人の魂は、宇宙の静けさにあって、山の静謐を下りきたり、人の胎内に入るものなのか。

水平方向の海による陸地の断絶は、高山において緯度による気候区分として、垂直方向に現れる。植物の葉は花同様、植物の表現体である。表現体は生物が生きる様そのものであり、葉から分泌される化学物質は生物同士のコミュニケーションとなる。人が危険を察する本能に基づいて、植物の化学物質を嗅覚で嗅ぎ分けるには、嗅覚が弱すぎるが、葉を木とのコミュニケーションツールにすることはできる。葉はどの木の実が食べられるかを教え、人は葉を用いて食用となる植物を伝える。

人の外部にある記憶装置とのやりとりと、個人の思考は、ともに体内の器官同士のコミュニケーションだ。生物も人も危機が訪れたとき、記憶媒体から過去の想念を取り出して、危機に対処する。処理をした結果が、記憶媒体には積み上げられる。記憶を、体の外に保存したものを文化的文物と呼ぶ。それは音声であり、木片や竹片であり、木の葉をひっ掻いたものであったかもしれない。岩や骨、焼成された土に描いた絵であったかもしれない。200万年ほどの間、人間同士のコミュニケーションはそのようなものであった。

記憶の強化とは、記憶の量を増やし、記憶に優先順位をつけ、記憶の内容をさらに掘り下げるの3点に集約される。個人的な思い出も、社会的な教育も同じである。個人的な経験および読書は記憶量を増やし、優先順位を上げる。訓練を繰り返すことによって知識は増え記憶は洗練されるのだ。社会的には、教育を受けた人の人口に占める割合が大きくなれば裾野は広がり、試験をすれば優先順位は明白だ。選抜された人材に、投資をすれば教養や研究分野は効率的に充実する。

胎児期から幼少期にかけての子どもの吸収能力は、他の時期と比較して図抜けている。人間は感情の動物である前に、記憶の動物である。情報を文化的に洗練する能力を有するだけでなく、人の肉体そのものが、記憶を担う物質なのだ。子どもの誕生という世代交代は、記憶力の刷新された、新しい記憶媒体へ記憶を移行することである。親が苦労して使うデジタル機器を、幼児は見よう見真似で使いこなす。デジタル世代は、地球史的に見れば、外在化させた記憶装置と体内の記憶装置を短絡する営みと見ることもできる。

幼生形態で生まれるヒトの細胞は、数を増やしながら記憶という水を蓄えていく。乳児に前世の記憶はないとされているが、記憶を語る言葉を欠いているだけなのか、胎児であるうちに、母親の血流の音に、過去の記憶を流失するともいう。水の流れる音に記憶を失くし、新しい生活の中に新しい記憶が積まれ、死後、身体は塵となって「なくなる」。分解された身体は水に流されていく。世界に対する思いが適当であれば、身体も想いも失くし、固執があれば、死後に魂だけが残る。いつどうやって記憶は、新しい身体に受け渡されるのか。

子どもは大人が理解しえないことを、いつの間にか噛み砕いて自分のものにする。触れる先から何でも口に持っていく乳児期の、乳歯の圧着力は大人顔負けである。宗教は死に際に、その人がどこでどう生きたか思い出す手伝いをする。生命が「亡くなる」前に、その人の生活が、ものに溢れ、経験が豊かであったと描き出す。新しい記憶が残ることの意味は何なのか。成人は何かをきっかけとして忘れた記憶を思い出す。

世代交代の際、記憶は断絶をする。性欲はその記憶を補おうとする本能に基づいており、幼生形態はその個体から個体への記憶の受け渡しをより確かにするものである。記憶の忘却は、生後両親のもとで社会的な習慣を身につける用意でもある。親は言葉がなくても、乳児が満ちているかいないかを実感するものである。

ユーラシア大陸中央の高山に端を発した「無」は大陸を東と西に分かれて伝播する。乳児の豊満を忘却した成人は、「無」に沈潜するのが容易ではない。「無」に沈潜する動機は「有」に対する葛藤であり、未練である。これは人間を理解する根本である。そこに「無」を発見する理由があった。人はものを堪能した記憶から始めなければ、「ない」という境地にはならない。そして人として重要なのは、ただ「ない」とするのではなく、「ない」ときどうするのかということである。

第2節で書いた「0」の位取りの機能について発見した人々は、「満ちている」のに見え「ない」、見え「ない」のに「満ちている」、この両者を同時に認識することを日常とした。

ある記憶について「ある」ようで「ない」状態は、人の死について、死んだ状態と生きているときをひとつの平面上に並べる。それは生きている周りの人と生前の記憶をもつ本人をその平面に並べることにつながる。転生輪廻の思想も、「0」の思想も、記憶が「ある」という現実と、同根の概念である。

東に向かう人は日が昇るのを拝み、西に向かう人は陽が沈むのを拝む。朝の新たな秩序に生き、夢の中の「無」を観じ、「無」の一日を始める。この生と記憶に結びついた「無」は小さな速度で東進する。

数学における飛躍がもたらされたのは、「0」の記号が代数学と結びついたアラビア以西である。イスラムの世界では、夜の帳が下りるときに一日が始まる。星の下で準備をし、翌朝の夜明け前に活動を始める。貿易の商取引の計算と、その活動を支える天文学の計算が母体となり、眠りに就く。夢の中に「有」が進入し、やがて日が昇るときは就寝前の秩序を生きる。両者ともに、大陸の両端に着き、海を経て、東は日本へと、西はアメリカ大陸にいたる。

「0」に位取り機能を見るか、計算数字の機能を見るかは、転生輪廻を信じるか否かという問題と、現象学的に比較することができる。生きる瞬間瞬間が現世に積み上げられていくのを死のための大事とするか、生後の自分が年齢とともに、記憶を大きくしていくのを現世の徳のため大事とするか。前者は生を複眼的に観ることにつながり、後者は生が数字のように無限にいたることにつながる。幼生形態による出生は、生前の記憶の問題を、生後の記憶の問題に帰せしめる転換となった。生前における問題としての比重が、出生を起点に親の文化背景へと、比重を移す過程に位置づけられるのである。

キリストはその移行を自ら再演したといえる。「復活」する奇跡は、自分の誕生を始まりとして位置づけて、紀元「０」を設定するにいたった。人生において平凡な世界を終わらせ神の子として自らを投じて、「始まり」に立つ視点を確立する。人において蓄積される自分の記録は、神という絶対の意思に添うものでなければならず、神は生が終わった後を決め、それまでの転生輪廻の思想とは隔絶する。

「ない」ことの複眼的概念はヒンズー教に流れ、ネパールには釈迦が生まれる。ブッダの生活の背景には、虚しい豊かさがある。ハーレムの「無数」の女性の体から伝わる悲しみに、王子の感性が反応したものか、自己を導くものを求めて王国を脱する。禅の概念を用いれば、王子は「無」を生きる実践を示したことになる。死について説くのではなく、成仏を説く。記憶に欲を生ませるのではなく、欲を記憶の上におく。一日の始まりは陽を受けて、今日を映す鏡を欲する。光がわれを射せば、影は後ろにあり、わが行為の地上の指針となり、「無」の観想に「有心」が和しているところを生きる。

土着の人々にとって「無」の思想は合理的に過ぎるが、その同じ教えも、豊かさを知る人にとって、自分を空にすることから始まる修行はありがたい。ありえない「無」の理解を説かれて習得するのも、人間である。釈迦の教えが教団となり、インド半島から大陸を地続きで伝播するとき、文化に影響を及ぼしながらも、インドでは勢力を失う。どの文化も血を媒体として受け継いでく。人間社会において血が伝統を継ぐからこそ、文化と血は密接に関係し、敵対する人間は二重の意味で血を途絶やそうとする。

大陸から海で隔てられる日本においては、大陸の社会で伝播されてきたものを、血を流さずに享受する。大陸において体得し血肉となった文化が、日本の血の中に移入される際は、智恵として機能してきた。日本でも、いったん血を浴びたものは、いかんともしがたい人間の葛藤がともなう。海で血を洗い落とす過程があるゆえに、文化は情報となった。

中国で発明された漢字は、漢訳された仏典がもたらされるのとほぼ期を一にして移入される。その漢字を、外交の手段として受け入れるのは、日本の発明だ。情報となった漢字は、列島の言語音の「上」に導入された。漢字以前の日本の言葉の音に、語彙と漢音が加わったのである。漢字文化は、日本語の音をつくってはいない。ギリシャ人がフェニキアの文字を自己の文化の記号体系とするのと、日本人が漢字を採用するのは異なる。

「万」葉仮名とは八百「万」の神が宿る言語音に漢文字を当てたものである。言葉は「言」

と「葉」と書く。それを「木と葉」と書き換えてみる。植物の王である木はどこまでも高くなる。その木に葉が茂る。木と葉は相互関係であるようでありながら、高くならんとする木が根を支えている。木化する幹が地上に立たなければ、より多くの葉を、より遠くへ落とすことはできなかった。東回りの思考における「有」と「無」には因果関係が存在する。

仏教を政治の知識として性格づけたことは、日本にとって幸運なことだ。仏教を受容する大和時代に、日本の政界にいたとされる聖徳太子が漢字文化を尊重しこそすれ、その外来文化は、日本の文化によって数百年をかけて吟味される。東回りの因果関係の中におかれ、磨きがかかる日本独自の音は、「ない」という想念を、音数律という手法に結ぶ。数直線に相似して、時間的かつ空間的に無限でありながら、有限である人と共存させる点で、「ある」ことは有限と位置づけられる。「ある」ことの経験によって条件づけられる日本の感じ方は、思想に備わる無限という性質を陰らせるべく工夫されてきた。

聖徳太子は、女人の成仏を謳い、「三経義疏」を書き、仏教を支配地に広める。平安時代に、聖徳太子の子孫であると自負する空海が現れる。「草木国土悉皆成仏」を謂い、直観による悟りは誰にでも訪れると謳う。後世禅宗では「不立文字」と「無」をいう。

西進した文化も東進した文化も、ともに「無」の概念がかかわる。現実として物事は永続せず、途切れる瞬間がある、いや、世の中のものは途切れることの方が多い。東西ともに「零」に、ものの豊かさを直観する。問題は両者の、日本語で漢字で表される「無」をどう咀嚼するかである。

多くの人間は記憶を失くして生まれ、出生後記憶を形成し、社会を自ら発見して「有」の記憶の上に文化を築いていく。「無限」的西進文化では、絶対神「1」から出て、「無限」に「0」に近づいても、見えない「0」を追体験しない。「無限」の「無」において、筆算表記を見慣れた目は「0」を凝視しえない。生きているかぎり、自分がなくなることはない。

絶対神の背後には永遠があるはずであった。人間は無限の自然をとり込み、自然の有する因果関係を利用する。「始まり」と「終わり」の概念をして神と対話をする信念を持って、社会を構成する。人の一生は積み上げられた記憶ででき、人工知的な「1」を鑑とするのが真実である。だが「無限」の世界では「1」の先に自己の限界を見ないからこそ「汝自身を知れ」、自分で自分を見ろとギリシャではいった。

西進文化と東進文化が異なるのは、生まれてしまった我が生を遡って、小ささの極限に立ち、「1」に神となりうる我を「無垢な気持ちで」見る点である。「0」に触れるまでに近づいたとき、彼方の「1」を振り返る。「無」の世界では人間は、自然によって包み込まれ、自然と人間の間に境界はない。東進文化ではこの「1」が自分である。人間という生命は自然の中の「自分の分」であり、「見えない」自分とはそもそもが東進文化の因果関係で、「見る」ものが自分だからである。「見る」主体である自分こそは、自分が完遂する「1」なのである。主体がその主体対象になることは可能ではない。

その代わり自分は鏡に映る映像で「見る」。問題は何に鏡を見出すかである。「1」である主体は極小に向かい、「0」が豊かであることを知るからこそそれを鏡とする。「無」と和した自分の分を、鏡中の記憶に残し、自分以外のものを「見る」とき、その「見る」自分を、「無」と合《ごう》した自分に重ねる。自分の目が「見る」ものを観ると同時に、「見る」自分を観る。自分の「無」の分は「他」のただ中にあるのである。東進文化の究極の日本で、線を愛でる心が芸術に醸成されてきた背景に、数と、人間の平穏な関係を願う心情がある。「有」である「1」を見やるのは東西同じでも「1」の見方が違う。

人は死して自分の「1」を完成する。生きている間は自分という「1」はぶれる。生身に備わる本能は、食欲と排泄欲、睡眠欲といわれる。この肉体の生理は、記憶の形成に関係しないものはない。生まれた直後から、乳児の世話はこの三欲がすべてであるし、死にいく人の介護においても然り。子どもが精神的に成長するにも、成人になって業績を残すにも、死の最後の際に尊厳を保つのも、自分が維持してきた記憶と直結する。記憶を保存し強化することの第一の機能の形態が、睡眠である。

胎児は成人と異なるリズムで眠りながら、夢を見ているといわれる。記憶を司る脳は未完成で生まれ、生肌を守る体毛も生えないまま人は誕生する。胎児の体はたった「1」個の細胞から始まる。皮膚も感性も柔らかいときに、記憶は体に刻みこまれる。文字どおり、血肉化し、社会の基本を身につける。意識より下の層に生活のシステムを吸収し、それ以降、生命にかかわる基本的な事柄は無意識下で処理される。多様な人間の個性は社会構造化した人工的な空間で養成され、精細で意識された情報操作を可能にする基礎が築かれる。ここに自然から乖離する人間の危険が含まれる。

情報と記憶の操作は、人の考えに、時間を挿入することを意味する。時の概念が入れば、眼前の三次元空間は、四次元空間となる。

現代数学に体系化される「0」によって、社会的概念には次の3点が導入された。

1．基本単位「1」の任意的選定および創出
2．可視化および外在化による計算力の加速的増大
3．二元論の確立による単純化

1つ目の「1」単位について、かつて単位に付せられる名前は本来言語の数だけあった。

長さの尺度は、手や足や肩幅、歩幅など人体の一部を使って表現されてきた歴史がある。メートル法が世界的に普及する一方で、最先端の部分では各言語の歴史的な単位を許容する流れが生じるものの、抽象と具体の間に境界線を引いて単位を独立させるようになった。

2つ目は1つ目と関連して、具体的な「有」を「紙の上の有」に置き換えたことである。数直線上に「0」を特定するとき、何を「1」で表そうとするか。人にとってみかんの1個とりんごの4分の1個は同じという前提があるとき、みかんの「1」単位を、りんご「1」個の4分の1の長さと同じくすれば、単位は違えど作図によって、賄える人数を比べることが可能になる。4分の1個の果物で足りない分は、ほかの食材とで調整することが計算された作図である。「有」用さは「無」の手前にあり、「無」は「有」の奥に追いやられる。

3つ目について。数直線上のプラス領域では、目盛を右に移動すればするほど大きく、左に移動すれば小さくなる。特定の点「0」を超えた向こうは、マイナス領域である。「有」の世界では数字の大きさにかかわらず、左にいけばいくほど、数が代表する現象は小さくなるはずである。ところが「0」を境に、右にいくとき数は「0」に集結され、小さくなる。「0」から離れて左にいくとき大きくなるという鏡の現象が生じる。「0」より向こうの大小は「無」を境に、「有」の数直線上の増減から関係を断つ。これは「ここ」には無花果がなくても「どこか」の無花果を取ってくれば、大量の果実を得ることができるの図である。数字上に移管することによって、「有」における矛盾への保留は排除される。増えたり減ったりすることによる喜びや悲しみは斟酌されず、現実と非現実の混同は「無」から「有」へ移行する論理を形成する。紙を供給する能力が上昇し、限界のない紙上で世界を仮定することが容易になった。

西進文化では「無限」は神に、「有限」は人間に属する。人間に区切りを設けるところに、社会的限界を克服する躍進の信念が現れる。東進文化で社会的に成功する確率が極小であるとき、人に自然は「無限」であるように見る。一方には、人間も自然であれば、ほかの生命同様人間もまた「有限」であるという見方もある。生命には自ずと自分の分があり、自然の中のほかの生命を生かす方法を見出すとき、無限の世界へとつながる糸口は見つかる。「他」を観ることにおいて、死を克服するよりも、生を生かす信念はその真髄である。

単純化された増減で分析する二元論は、人間社会を分極化する可能性がある。有無から発する東進文化と、起点に発する現代数学に代表される西進文化を比較して論じることによって、人間にとって偉大な世界と、小さな人間の世界を理解する必要がある。

大陸においては自国と他国の文化の間に国境線が引かれる。日本では、文化と文化の間にではなく、人間と文化の間に線が引かれる。諸国のことを海外といい、外国という日本では、血生臭いほどの血を吸ってきた文化を、海を隔てた他国との地質学的距離によって文化的な伏流とする。文化は生活の水に抽象化され、この国の人間性に呼応する。水によって洗うことに、生活的な洗う意味を与え、そのことに重きをおいてきた。単純に清い水に感謝をしてきた。

中国の文化も、西洋の文化も、文化人であることは、文字に対する教養を必要とする。現在の日本は漢字、アルファベットと日本仮名の三者を常用する。大陸の東端にある列島は日に向かって東進する文化を受けて、住民自身が思っている以上に成熟してしまった。成熟した人間が退廃するか、無垢な生命を羨望するか。乙女も人間に生まれたひとりという認識によって人間性をとり戻すとき、知の授受は誠となって、人間性に潤いを与える。人間は水に素直に反応をし、乙女にも反応する。「生前」に吸収する社会システムは文化以前である。文化とは「生後」に得る記憶であるという物差しを、日本で維持しえたのは、海や山がいやがおうにも人を巻き込み、人の築く文化を生命と隔ててきたからである。

記憶を失って生まれる自分に、自分だけの拠りどころとなる尊さを見出しうるか。その尊さと空、あるいは無の概念「シューニャ」との関係をみるために、まず生まれることにおける生命の断絶をみてみよう。

第2篇　生命の記憶を継ぐ性

第3章　数直線の応用

1. 生命と性

人の記憶は理性をもって残したものがすべてではない。その全貌をとらえることは不可能である。本人が自覚するものも無意識下にあるものもある。人の記憶を外在化させたものを社会で共有する営みは、人類にとって財産となった。生まれてくる過程から記憶の形成に心を砕くように、財産は人の理性に干渉する。生命の誕生とは人の肉体性の具現化の過程にほかならない。性と記憶に対しては、生まれる前からあらゆる人が、当事者である。

昨今の日本で性といえば、性行為にともなう快楽しか意味しないといっても過言ではない。それはいたずらに性欲を畏れる傾向すら生じている。

音読みでは性も生も「せい」という。生と切り離した性の教育は「親」ひとりに預けられ、両親の性行為は、異性に好かれる好かれないという結婚物語の向こうに追いやられる。現代人は思春期の性的成熟によって「男」と「女」という問題に放り出される。性によって子どもをもつことをマイホームの取得に重ねてきた。性によって生まれて、生きて、死ぬということが、物質的豊かさの中に忘れられる。

人の生殖機能を数直線に置き換えることによって、生命は記憶体であるという視点に立って、この人間の曖昧な記憶が人間存在に及ぼす影響を考察してみよう。DNAによる物質的記憶の受け渡しをとり除いた後の人間の肉体性に、生殖に関わる記憶の現象が残るのか。

まずは、厚生労働省による平成15年度の「国民健康・栄養調査報告」第3部「身体状況調査の結果」による日本人成人男子、成人女子の平均身長である。平均身長は男性が166・2センチメートル、女性が153・0センチメートルである。その男女差は11・2センチメートルとなり、これに基づく男女比は14・84対13・66となる。

次は同じ統計による成人の平均体重である。男性が64・7キログラム、女性が52・8キログラムである。男女差は11・9キログラムで、男女比は5・44対4・44である。

この統計を編集し始めた当初の第一の関心は、労働力の把握にあったようだ。数字は、体の大きい男性の仕事量が大きいことを示していた。統計を見る人も、体格の違いによる社会的可能性について、女性の仕事量は小さいことに納得していた。第二の関心は、繁殖力の把握である。平均値からの距離は、男性の場合「背の高さ」が男性の「よさ」を示し、「体重の少なさ」が女性の「可愛らしさ」を示す。肉体の違いは、日常の計算においても

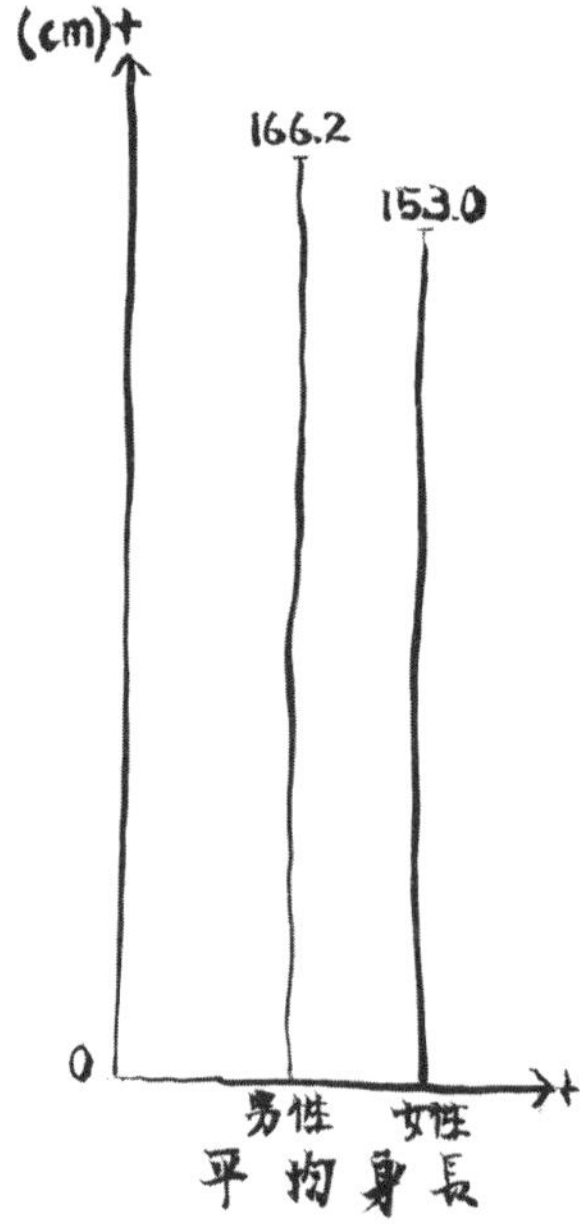
(cm)
166.2
153.0
0
男性
女性
平均身長

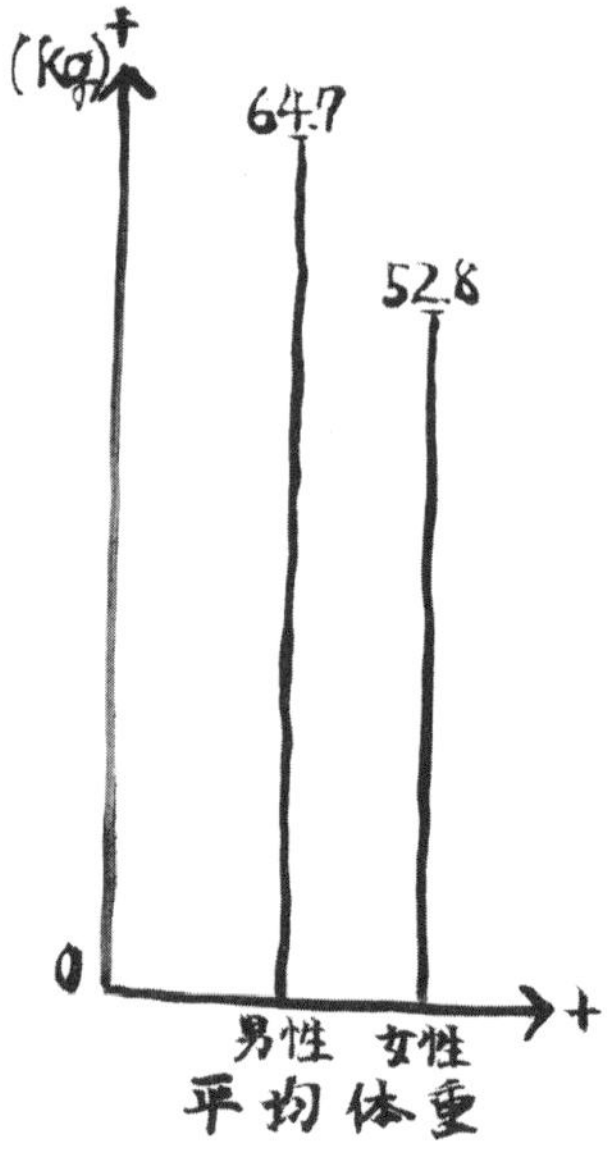
(kg)
64.7
52.8
0
男性
女性
平均体重

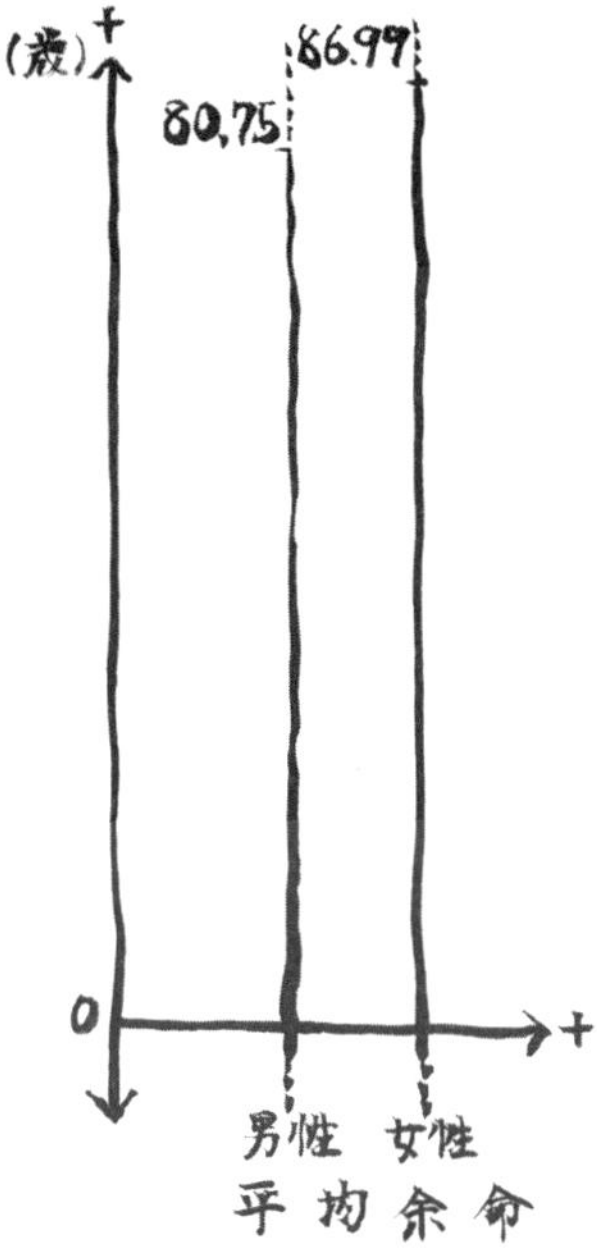

繁殖力に直結されて、解されていた。
だが機械が現場に導入されて、社会的関心は、体力に基づく仕事ではなく、頭脳を使う仕事に傾向した。性的特徴に基づく、体格の差を活かした肉体的な仕事は外注され、労働を機械に代行させる分、女性が進出する領域は増大する。また、労働力を一定の規模に保つ経済最優先の要請によって、女性を家から引き出すことになる。日本では家庭への過剰干渉を控えたこともあって、成人1人あたりの出生率は減少を示す。
また同じ平成15年度の厚生労働省の統計である生命表から、日本人の余命をグラフにした。生まれる前のお腹にいる「十月十日」は、「0」以下のマイナス部分に記した。平均余命は、男性が80・75歳、女性が86・

99歳である。男女差は6・24歳で、男女比は12・94対13・94である。現在、出産時の死亡件数は日本では2桁台である。

生命の維持は細胞の常なる更新によるが、人にとって未知である死は、細胞の壊滅によって生じる。死産や出産直後に死ぬ赤子は生後の記憶をつくる間もないまま、マイナス歳もしくは0歳で別れを告げる。新しい生命をついだと思った瞬間に訪れる死である。

生物学ではオスとメスを表すのに「♂」と「♀」という記号を使う。ギリシャ神話はローマ神話へと発展し、軍神は火星に、美を司る神は金星に託される。ローマ時代にタロットや占星術で火星に「♂」、金星に「♀」を当てられるようになり、自然科学が普及するにともない、軍神は男性の記号に、美の女神は女性の記号となった。

人が背筋を伸ばして立つ姿は男女変わらず美しい。腰骨の上にS字に湾曲した背骨を立て、2本の足で前進したときから、人にとって木の固い棒は、手で持つ攻撃をするための道具になった。幼生形態で生まれる人は固いものを尊敬する本能を身につけた。男性は一人前になったら、筋を通したものの言い方を身につけるよう躾けられる。男性の外性器は硬さを具現化するのに適し、「♂」と「♀」の記号ははからずも男性性器が女性性器に接続するまでを描き出しているかのようである。

この男性記号の「♂」を矢印に見立て、それを数直線に引き伸ばしてみよう。目盛り

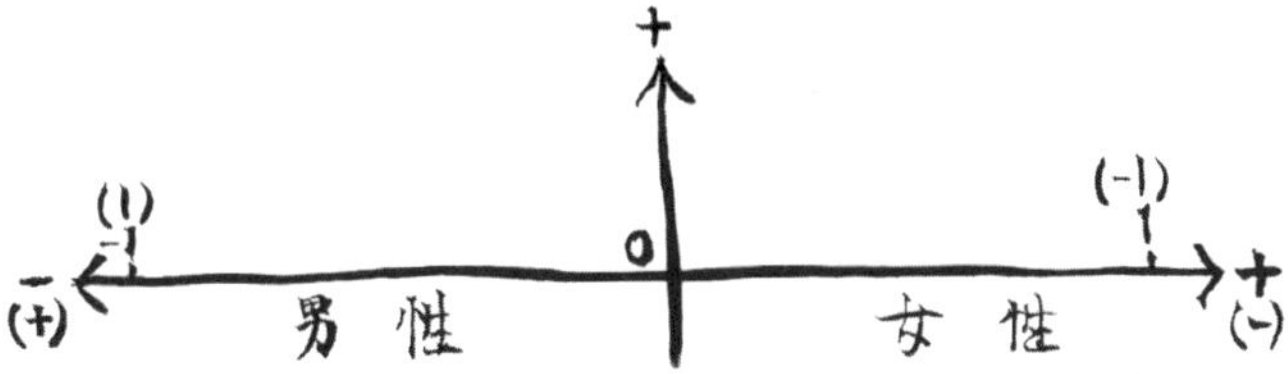

接合概念図

「1」は「一人前」の男性を示す。数直線の定義は「特定の点に0というラベルを貼り、もう一つの点に1というラベルを貼る」。男性の平均身長を縮小したスケールである。対概念として女性を表す目盛「1」も描く。同じ縮尺で、単位の大きさが異なる数直線が2本できる。

男女を表す単位の目盛り幅を同じくしうるのは、人が生後身長も伸び、年もとる肉体的なものに加えて、精神的な成長という目に見えないものを加味するからである。「両方向に無限に伸び」る数直線のプラスマイナスの「1」目盛を、性的成熟をなした男女の接合として概念化する。

さらに身長は直立したときの頭の天辺から踵までの長さを指し、このままでは踵同士を接合させた、縦長に連なった図になるため、これを性行為に見立てるのは無理があるが、そこへ性行為の社会的な側面を読みこむ。つまり接続とは性器同士の距離が「0」となることを示すが、2本の直線の合体における「0」は、裸形の2人の精神的な、社会的な距離が「0」であることを指すと。男女が性器を接続させるため脱衣をして、2人の人間の間に衣服が「ない」という、生活全体の時間の中の、特異な時間に耐える成熟を示す。

核家族化が進み、1組の男女は結婚して家屋を入手する。ひとつ屋根の下にあって性行為を営む。結婚者の性交渉は「子どもができる」と歓迎される。人の想像力を刺激する性行為という営為は、秘められた空間で行われるのがふつうである。

おしなべて結婚には自分の家族による同意や許可、儀式がともなう。日本では相互の婚姻の約束を表明するのだが、結婚相手以外と性交渉をもつことに対する刑罰は、現行の法慣習ではない。成人した既婚者に対して社会常識に見合った良識的な対応がなされているといえる。未成年未婚者の性交渉は、親の立場から否定的感情は払拭しきれないにせよ、子ども同士では許容される傾向がある。

20世紀に入ってとくに戦後の日本は、接合欲に結びつく言論が一世を風靡し、「セックス」で接合行為を、出産では「性」と使い分けるようになる。その言語世界で「人」は「過程」の当事者に女を「見て」一生を過ごし、「過程」の当事者は一生を性的に「見られる」立場で過ごす。著名人は接合行為でさらに有名になり、「人」の性欲で性を計り、「過程」の当事者に同等の性欲が有るか無いかが問題となる。「発動」の当事者の発言もしくは執筆者は、本人が言及しないかぎり性が問題にならないのに、「女流」は性的な興味を抜きに話題になることが難しかった。

従来、子どもは父母の性器を見て育ち、親は子どもの性的成長を見守る。肉体的な性差があれば接合は可能となる肉体的交渉とは違って、結婚生活には時間と知力と労力を要する。個体を保全する才覚と、他人と関係を築く人格のバランスがあって生活は継続される。昨今「男と女はこういうもの」というのが明確ではなくなり、人格として求められるべき資質が曖昧になっている。それは伝統が破壊されたことと関係がある。

核家族という形態は、家屋という覆いの奥に性行為を秘める。同時に先にも触れたように、未熟な個人を孤立させる密室化した空間ともなる。2つの性は「人」の概念で短絡され、「人」は中性的な要素をもつようになった。物語を語るのを避けるあまり、個人の人間的学習を停滞させる側面が表面化してきた。性を表す「らしさ」に関する言語は貧困化するが、それは問題にされない。

社会儀礼は本来性に深くかかわっていた。性を含意した社会儀礼は、子どもと大人の間に一線を引くことによって、それぞれの性に求める指針を示していた。それと大人と子どもの間の断絶の表意は同時に、男女の間の断絶をなす。断絶には断絶なりの長所があり、大人との断絶は子どもを社会から守る働きがある。とくに男児は成長のそれぞれの時期にいる段階を認識して、「発動」の当事者が成人化して主体性を備えるまでの過程を大事にした。「過程」の当事者に対して「産まない」性の「発動」の当事者が、精神的飛躍をもたらす場として、断絶は機能する。ここに本来の、大人と子どもを区別する理由がある。性的な儀礼は対立を生じせしめ、対立による発展を機能させる社会的機能を担っていた。

つまりセックスレスがいわれる現在の言語体系下では、男になりきらない少年と女になりきらない少女は、成体と関係づけられていない。性を備えもつ幼い「人」が、成人した男性や女性と同じ物差しで語られない。成長する期間にどちらに属するのか、あたかも性は消えてしまったかのようだ。性欲に振り回されないという警句の次に重要となる概念を除外する社会は、どこか歪み神経質である。そのような性の扱いは成長の基準が曖昧であることを露呈し、健全な性的成長を疎外する。性についての思考を停止しているのである。与えられた個性を活かす微妙な場がないことを浮き彫りにする。

人間には男とはなにか女とはなにかという「らしさ」の尺度があっていい。「女といえば男のこと」「男といえば女のこと」という話がまかり通るのではなく、「発動」の当事者と「過程」の当事者が、一生自分について離れない性を言語化し、あるときは接合行為に向かう性欲に身を任せ、あるときは性によって違う現実を、両者間の重要な問題としてとらえなおす。性欲の強弱や欲求という内容そのものを、生殖器官に距離を保ち、性の思索としてとらえるのである。

世界的にみても、人間の性は文化に大きな影を落とす。中国系の思想においては陰陽が成立し、インド・ヨーロッパ系の言語においては、名詞や動詞に性の区別を置く。英語ではネジとネジ穴はオスメスであり、宮大工は組み物の凸側をオス、凹側をメスという。磁石や電極、数直線上のプラスとマイナスも性的象徴を含意する。プラス方向は善、電気のプラスも善、男性的な積極性や能動性も善、語感にプラスは男性という響きがある。女性には消極性や受動性とともにマイナスが対応する。

水には、高い方から低い方へ流れる流体の力学がある。人間性が備わる場として、性の違いを、人間として高方へ引き上げる必要がある。日本では性を売ることを水商売という。「過程」の当事者の性を「見る」「見られる」という範疇から分離し、水商売における行為であれ、行為は行為であり、行為には「完成」の当事者がともなう。そのことを真剣にとらえ、人間が幼生形態で生まれることと性を関連づけて考えることを通して、真の豊かさを追求することが必要である。

なぜなら人の来し方には、父と母があるからだ。両親の性の営みこそ、自分が生まれきたる契機である。両親は2人、懐妊して生まれてくる子は1人。人は1＋1＝1なのだ。動物において本来巣は、子どもを守るために設けられるが、ヒトは、成人の幼生形態を守るために、家を一生保持する。人は体の中心に袋状の臓器を有し、そこで胎児は育つ。有袋生殖の現場である子宮に生殖子を到達させる人が、家の中にいる。生まれてくる子どもは、産着という衣服で包《くる》む。それが人間の性行為、つまり生殖行為である。

以下7点にわたって、性行為を分析しておこう。

第1に、生まれたままの姿に帰ることは、社会的地位を脱ぐことでもある。産着から始まる人間の衣服は、体を環境から守る働きをする。社会が発達して階級制度が堅固になるにともない、職業や地位を表すようになる。礼が発達し、身だしなみの概念として他階級に神経を遣い、決められた衣服を守り、その枠を外れて無防備に生の自分をさらせば、社会的に心身ともに傷を負いかねない。公共入浴施設で他人に裸体を曝す日本の習慣は、社会的地位を脱ぐ訓練とも見ることができる。自分の地位を無に帰す危険を承知のうえで分別を破るのは、逆説的に、自分と自分の体を防衛する感覚を身につける行為の共有である。脱衣する場に及んで、信頼する相手を選ぶ才覚を養う。このことは性器の結合行為においても、全裸、もしくは部分的な裸体に帰るとき、無視できない要素となる。

第2に、排泄時に部分的に裸体を曝すことと性行為の関係である。男性の場合、排泄器は生殖器と同一であり、女性の場合これらは近接している。性器を使う前段階に、人が築き上げてきた物語を「0」にする力が働くのは一つ目の項目で見たとおりだ。その社会的な力とは別に、排泄行為は一人前になる以前の自分に重なる認識を芽生えさせる。衣服を脱ぐことは、排泄器に直面した時期に人生を遡及させる。幼児期にひとりで排泄行為をするようになるのは、衣料の脱着を並行的に学習した効果だ。性による人間関係に一線を越えることは、自分の肉体を単に他人に曝す以上の、それまでの人生をかける行為であることを意味する。

第3に、性的な皮膚と皮膚の接触は、自分の体を再認識させる。個体には普段は皮膚の上に衣服があって、外気を感じるのは外に出ている部分である。裸になって、ふつう意識しえない自分の輪郭を意識する。さらに人との距離が「0」になるとき、自分の体が占める空間を自覚する。恋人同士つまり性交渉をすでにもった関係でも、性行為にいたり肌と肌が触れる距離と時間、および官能的な快は特殊である。かかる皮膚感覚による自己認識方法に片方が依存するとき、性行為は自己愛の道具に転落しうる。

第4に第3と関係して、他人との関係を築くうえで、精神的な距離が常に「0」である人がいる。精神的な成長は数値に表せないと前に述べたが、他人に自分のあり方と同じものを求めるのは、人との間を想定して距離を保つ自律性が確立されていないことを示す。生後しばらくの間、家族との距離が「0」であることは健全な状態である。他人関係の基本は、家族関係の中で形成されるが、幼児は養育されて、精神的にも成長して親に対する依存度を低減させて親との間に距離ができ、家族との間に自立した関係があれば、人格の多様性を認め、そこから派生するほかの人との関係においても、異性との性的関係においても、距離を保つことができる。

第5に、肉体的な距離「0」でつながった「1」と「1」が、精神的に自立する場合は、数値線の開きは180度になると想定することができる。その場合相手の出方に関係なく、自分を維持する直線を形成する。2線分に角度が生じるのは、2人の間に均等な力が働いていないからである。力の偏りの要因はさまざまであり、人間性の深さを反映する。性交渉を機に、相手に対して無思慮な同調を露呈する場合や、社会の性的役割に盲目的に従う場合がある。

第6に、2本の線分が完全な直線を描ける自立した人間同士は、現実として希少である。すべてが揃った人格はない。人には性格があり、社会的な役割もある。第4で想定した精神的な距離が「0」であったとしても、なぜこの相手なのかという、自らの問いに応えようとするとき、人間性を鍛えるまで性を昇華させることが可能である。性交渉をもつにあたって、真直線とはいわずとも、許容に値する自立性はあるだろう。そのとき「0」地点は、性交渉が発現する時間的起点であり、性交渉がもたれる現場である。他人によって決められた相手なのか、自分で決めたのかにかかわらず、自分に性的成熟が訪れたことを受け入れる。この「0」と自分の「1」の2点をもって、真っ直ぐな線になるべく自分の位置を整えられる人間であればこそ、性を通して成長する。

第7に、昇華された性は、前項の問いに自ら答える場である。性行為に及ぶ2人が裸体を重ねることによって、言葉以上の個人的な情報が交換される。男に生まれ女に生まれ、両親のもとかそうではないのか、そこまで人となった生い立ちを暴露せざるをえない。性的対象となる人と出会い、築いてきたものを脱いで自分の出発点に戻り、自然に帰り他人に体を与えるとき、人生の情報を人に与えることになる。男女が心をひとつにし、信頼と称賛を相手に与えるとき、性行為は生きることを共有し、生きる知恵をも共有するときとなる。

180度の直線を描いていなくても、情報を共有しながら、生活に美しさを保つとき、人間は成長をする。社会的に多様な生き方が可能となり、性交をせんと「0」地点を越境する男女の状態に2つの肉体を導くのは、「発動」の当事者ばかりではなくなった。そのことも含めて、性を通して人を理解するとは、性そのものを見直すことが必要である。男女を表す「1」に、容易に直線を描かしめない人間性において、相手に称賛を与えるとは、つまりは生きていく先にその相手がいることを欲することである。

数直線で人間の性交を表現することによって、性という二元論に陥りがちな「情報」を、プラスマイナス交流の電圧のように交互に割り振ることが可能である。数直線のプラスマイナスの定義は「点マイナス1は0がそれと1の中点になるように定められる」。確率の性質にそぐわないベクトルのマイナスに対処したヒルベルト空間に、男と女の概念を託す。いやそもそもヒトが発生以来長い時間をかけて、外性器の形状をヒントに両性の属性としてきた凹と凸、0と1、明暗、黒と白、強弱、肯定と否定といった対立概念こそ、現代数学が客観を志向し挑戦する中から生まれてきた可能性もあるのだ。

情報は世間をわたる武器であるばかりではなく、社会を修正する力にもなる。当然無知な人を支配する力にもなる。どちらかの性に強くもしくは弱く現れる属性をいったんその位置から外すことは重要である。男と女のプラスとマイナスが外性器によって決まらないのなら、肉体の中にあって目に見えない生殖子に、それを定める根拠を求める。生殖子を現代の目によって、性の違いを明らかにし、性のもつ情報的な役割を描き出す。

生殖子の生活史を重視することは、雌の個体だから卵を有すると考えるのではなく、卵を有する個体だから雌と考える、ということである。「ヒトの細胞の中で唯一肉眼で見える細胞」こそは卵細胞である。それは「毎月1個」しか排卵されない。正確にはヒトの卵は何重にも包まれ、肉体の外に出て人の目に触れるようなことはない。しかも、1個の細胞といわれているが、卵胞由来の細胞群が卵細胞全体を包んでいる。肉眼で見るのは、生体内にある生殖細胞をとらえて体から取り出す、科学的技術があっての話である。そして肉眼で見ることにより、それまでわからなかった生殖細胞の生活が明らかになった。

この世に生まれて十数年は、ヒトは子どもを欲する状態にない。幼生形態で一生を過ごすヒトは、成熟するのに人生の5分の1から10分の3の時間をかける。まず自分が育ち、子ども時代を経て性欲が発現し、豊かな性が備わる。内性器は体の上下、および左右の真ん中にあり、体幹によって守られる。産毛を残して体毛を失い、全身の肌はほぼ露出されて生まれる。それでも生命の流れを守る器官である外性器は、やがて体毛によって守られる。幼生形態によって皮膚の感度が高まると同時に、体全体の水による生理機能が高まり、さらには衣服という表現の幅も加わる。

衣類で身を覆っていても性的な成熟現象は人目につく。男子においては、体毛が濃くなって髭が生える。体毛が濃くなるといっても、動物の全身をカバーする体毛と比べれば、生肌で過ごすといっていい。「過程」の当事者より背が高く、骨格が大きくなる。外性器が勃起することも衣服を通してわかる現象のひとつだ。

外性器はその名のとおり、人の肉体の外に出ている器官であって、見たいと思えば見ることができるものだが、「過程」の当事者の外性器は本人が目視しにくい部位にある。それゆえに性交渉の相手である「発動」の当事者の方が、本人よりその体を観る状況をうむ。「過程」の当事者は、成熟して胸や臀部が丸みを帯びるが、体毛は「発動」の当事者より少なく、その分幼児らしさを残すととらえられる。

性欲は生殖子の生理の問題である。生殖子の営みは、夢精や生理の現象によって、流出する体液を通して一部目にすることができる。生殖子という存在は、内性器の中から個体の外へ出たいという欲望をもつらしい。外性器を通って流れ出る生殖子は個体から見れば生物的な実現欲である。男児は生殖子の流出を受けて、個人的に体液を処理をすることを覚える。それゆえに生殖子の流出を性欲と関連づける傾向があり、女児は、性欲以前に可能性としての妊娠を意識する。生殖子の中のDNA遺伝子は情報の記憶体であり、アミノ酸の配列による暗号の解読が進んでいる。

生命の原点であるこれらの細胞の一方のみが目で見えることを示すために、生殖子をグラフにした。卵子の二重円はその最大値と最小値を示す。卵子の直径は小さい方が0・2ミリメートル、精子の直径は0・02ミリメートルである。精子の頭部の実態は球体ではないが、その太さの最大値を円で示す。頭部はヒトの体細胞のひとつである毛細血管に構造が似ている。血管網は、ヘモグロビンをもつ赤血球を流れに乗せて、体のすみずみに酸素を運ぶ一大内臓器官である。

幼少期の男の子に精子は「ない」が、幼少期の女の子には卵子がすでにある。精子と卵子の比は直径で10倍あり、体積で1000倍である。その体積比にはそれ相応の機能がと

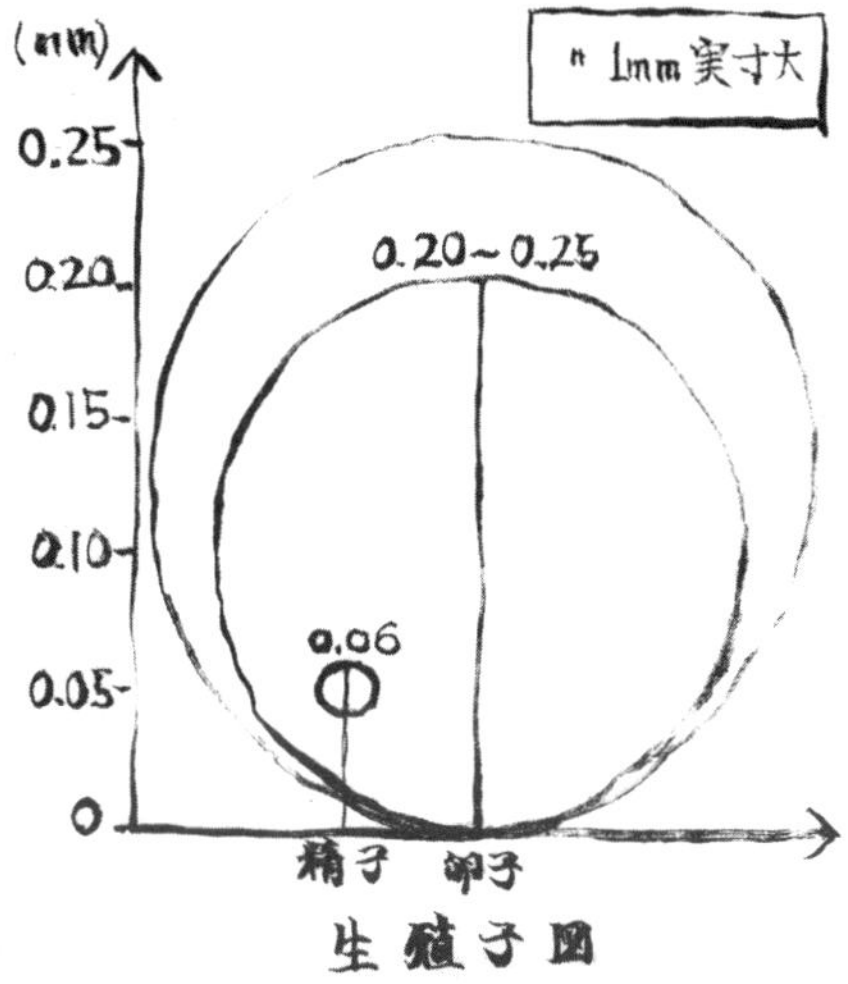
(mm)
1mm実寸大
0.25
0.20
0.15
0.10
0.05
0
0.20～0.25
0.06
精子
卵子
生殖子図

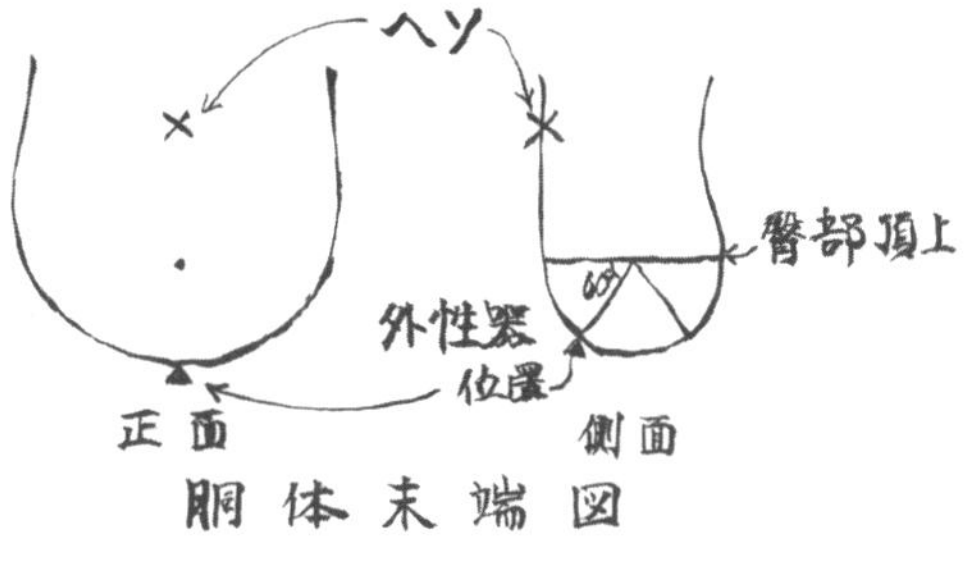
ヘソ
臀部頂上
60°
外性器
位置
正面
側面
胴体末端図

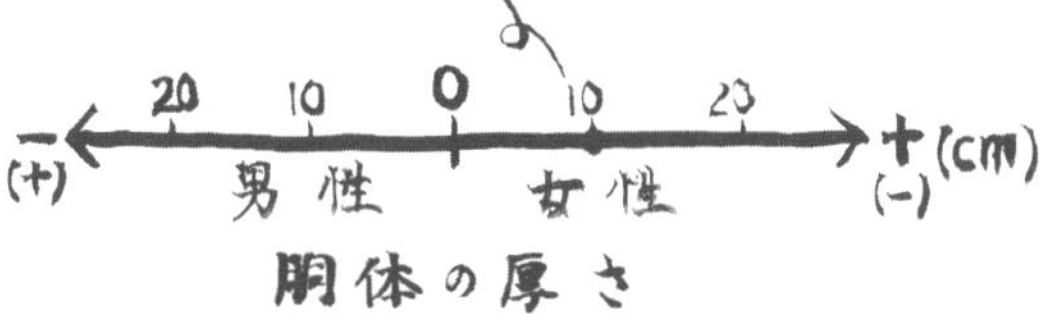
男性の外性器
20
10
0
10
20
−
(+)
+
(−)
(cm)
男性
女性
胴体の厚さ

もない、物理量の違いは伊達ではないことがわかる。これは後に詳述する。

同じページに、胴体末端図としてヒトの性器の位置とその肉体の厚さを表した。また下の数直線に性器の長さを表した。末端図の側面図では、胴体の前の平らな面からカーブを描き始める点をとり、臀部のいちばん高い点と、補助線で水平に結んだ。そこにできる下向き半円を3等分にした前1つ目の扇に性器は位置する。男女に関係なく、半円下方前面約60度に開口する。図は両足を省いてあるが、胴体の末端には大腿骨頭があり、左右から胴体を挟むため、性器が中心線下にあっては、性器を接合するのに相手の性器が届かない。

半円の中心の真下は肛門であり、それより後方には、開口部はない。直立するヒトの後方は前方よりも守りが甘い。真正面では敵の格好の的になる。前後にいる敵を避け、水の侵入を防ぐには、性器口が肛門より前に開かれている方が理に適う。

正面から見た性器は、胴体が丸みを帯びる末端の最下位にある。男女が直立して抱き合ったとき、理論的には皮膚が密着するのは、上半身の末端がカーブを描き始める位置までである。トリの雄に管状の外性器はなく、外性器同士を接触するだけで生殖をする。精子は総排泄口から雌の総排泄口に送られる。トリは少しでも体重を減らして、飛行するためのエネルギーを有効活用する。

人はものを食べて精神的平穏を得るように、生殖器を接合して精神的平穏を得る。性的結合は相手あってのことであり、ヒトの平穏への期待が高揚へと高まる。組み合う造りものとして、ヒトの性器は完成形といえるだろう。水道管の接続に水漏れがないのと同じである。

日本人の「発動」の当事者の外性器は、平均の長さが通常時8センチメートル、海面体が充血するとき、長さと直径は1・5倍から2倍になり、長さは14センチメートルになる。海綿体が充血しなくても「過程」の当事者の性器に進入する例はあるが、それでも性器内で充血することが、精子の放出には不可欠である。「過程」の当事者の性器の長さは7センチメートルから10センチメートルの間である。精子の通路が真っ直ぐになることで、流体の勢いは削がれなくなる。

人間は立ったまま性交を行うことが物理的に不安定であり、座位や臥位で性行為を行うことが多い。直立抱擁では性器が前方下部にあるため、男性外性器が延長しなければ性器間の距離は「0」にならず、「過程」の当事者側の距離「10」まで外性器を進入させるには、上半身を離さなければならない。

皮膚が離れ、粘膜の接合に移行するとき、人間性は退き、物語は「0」になり、主人公が人から器官に交代する。粘膜臓器である生殖器官が舞台に立ち、本領を発揮する。そのとき個体は生存的に無防備になる。心身に対する影響の深さは、人が性行為を人目に触れない場所で行う理由のひとつである。

性器の接続時には、「発動」の当事者の外性器が「過程」の当事者の体に潜って、外から見えなくなる。103ページの「胴体の厚さ」を示す数直線では、「0」の左に「発動」の当事者、右に「過程」の当事者を示し、外性器同士の接合を表す。右の「過程」の当事者の直線に、体に進入した後の外性器の先端位置を黒点で表した。そこは子宮口であり、側面図では半円の中心である。人の体を横から見たときの、臀部の厚み幅を17から25センチメートルとして、体の厚みを20センチメートルとする。越境するのは体のごく一部であるが、それでも「過程」の当事者の体の厚みの半分に達する。

水は2度以上の勾配があれば流れる。横臥した状態で、精液が入り口から子宮口まで流れることも可能だ。だが生殖器官は精子を、ただ水流に浮かべて流すようなことはしない。外から「過程」の当事者に継がれた「発動」の当事者の性器は、「過程」の当事者の性器で覆われて、流水圧に耐える。ネジ山が切られたパイプにおいて、メスのネジ山のパイプがオスのネジ山を覆う二重構造である。外性器口においては、小陰唇が水漏れを防ぐべく接続部を密閉する。

「発動」の当事者は自分の生殖細胞を「自分の体の外」で融合させるために、異性と連携しなければならない。妊娠した人を見ていると子宮は腹部の真ん中にあると思う。通常時、子宮口は胴体の下方の尿意を生じるあたりにある。ここを呼吸法では丹田と呼ぶ。「0」時点では必ずしも「発動」の当事者の生殖子が登場するわけではない。「過程」の当事者が生体内の機能を連携させ、生殖子を1Nから2NのDNAにするのはもっと先である。「自分の体の外」で生殖をすることについては後述する。

膣の奥を医療用鏡でのぞくとき、子宮口は、赤い点に見える。外性器の先端が接触する箇所は、膨らんだ風船を円筒状のスタンドに置き、これを下から見あげるようである。概念図では、膣の入り口から半円の中心の子宮口まで、60度の勾配をなす。

子宮口までの道のりを3つの視点からとらえる。ひとつ、側面から透視すれば、子宮と膣は一体となって「逆くの字」を描く。膀胱が子宮の前方にあって、斜め上から押しているからだ。「逆くの字」の後ろには大腸があり、その後ろには腹壁と仙骨があり、仙骨の両脇は臀部である。これが「過程」の当事者の胴体の末端の状態であり、外性器は「体に開いた穴」に進入するのではなく、「過程」の当事者の内臓である。

ふたつ、子宮口は「逆くの字」の折れ山の内側にあり、外からは肉厚な臀部に守られている。この突き当たりで外性器は進入するが、これ以上は行き止まりである。外からやってくる人間は生体のここまで、と線を引かれているのだ。「過程」の当事者からみたとき、「発動」の当事者の肉体は異物であるのである。

陰茎は白膜の働きによって、充血した海綿体2本が束ねられて硬度を保つ。「過程」の当事者にも、相似する海綿体が膣口の周囲にある。大陰唇の下に陰唇海綿体がある。それは漢字「入」の形に頭から分かれ、外性器が進入した際には、精子の放出を促す。「逆くの字」の人間にとっての終点より先の、生殖子の片割れのいる場を目指して精子を送る。

みっつ、人間が意識的に働きかけることができなくなる境目が子宮口であったが、そこは子宮で受精した生命にとっては出口である。生殖器自体が強固な守りを備えているその奥の聖域に、精子は入っていく。受け入れるための生殖器の持主である「過程」の当事者も、相等しく、この世界へ生殖子を送る。その子宮への入り口3つの内2つは人から画されており、そこへ向けて「過程」の当事者は、生殖子を天任せで放出する。

都会に住んでいる人は満天の空を忘れているが、思ったより空は近い。両の手をもって人は天に届かんとする。木は葉を咲かせ背を伸ばす。生殖という「過程」への門は子宮口に、いや女性にあると人は思うが、生殖機能は一切人間の肉体の構造に委ねられている。

精子は外性器に包まれ、男性の肉体に包まれ、その回廊の真ん中を通うのを願っている。

2. 生殖器における生殖子の生活

この節では、まず生殖子が生まれて、内生殖器内を移動する距離の長さを数直線に表す。もうひとつには生殖子が生まれて死ぬまでの時間を、生殖子別に表す。次に「発動」の当事者によって「過程」の当事者の内性器に輸送された後、「過程」の当事者の体内で、「発動」の当事者の生殖子が生きる時間および移動距離を、数値化する。

臓器である生殖器には生殖細胞を産する内性器、表立った働きをする外性器、自分の生殖子と異性の生殖子を組み合わせたうえ、生命体を保持する子宮がある。生命が誕生する仕組みを知るには、細部を見ていく必要がある。

水道局は河川の水を浄化して飲料水をつくり、住宅街に配水管を巡らせて各家庭に届ける。生殖器の内性器も、輸送ばかりでなく生産をする。外性器はつくられた生殖子を輸送する専門器であり、自社製品をお届けします、納入先の荷下ろしまで請負いますというのである。ロスを最小限に抑える方法を講じていればいいのだが、精子は１回の取引で「１

億」個から「4億」個を搬出するのに、輸送先に受け入れられるのは「1」個である。億単位のロスが発生し、さらにその「1」個すら成らないことがある。これこそは生命の真骨頂である。

「過程」の当事者側の生殖子は、搬出時から「1」個が選定されているが、つき添う細胞群がその「1」個を覆い、それが破られることがなければ、包まれたままやはり生産性は「0」で終わる。ヒトの発達した性社会では、生産性「0」という無駄が繰り返される。

イ．精子の生活

生殖子を分裂させて増殖するのは内性器の生殖腺である。「発動」の当事者の生殖腺は精巣もしくは睾丸といい、中は小部屋に分かれ精巣小葉といわれる。そこには精細管が詰まっており、その精細管の内壁に生殖細胞が張り巡らされている。原生殖細胞は胎児時代に、体細胞分裂で増殖するのだが、原生殖細胞の発現については卵子の生活で詳しく述べる。

胎児が少年に成長したとき、精生殖細胞は活性化して増殖を再開する。精生殖細胞が最初に行うのは体細胞分裂である。16時間から24時間の周期で、DNAを2倍化し、細胞質を分裂し終える。精子の場合その直後に減数分裂を続いて始動し、1Nの精細胞をつくる。減数分裂は体中の細胞の中、生殖細胞でしか機能しない。英語でmeiosisといい、ギリシャ語の「減少」に由来する。体細胞分裂を開始してから精子が形成される周期は、現在、74日と120日の2説がある。74日でも2カ月半を要するが、1日で2億から3億個が形成されるという。

精子は全長は60マイクロメートルで、頭部、中片部、尾部に大別される。精子は毛細血管の細胞に相似すると前に述べた。毛細血管の細胞の長さは50マイクロメートルで、若干短い。外径は5マイクロメートルから20マイクロメートルでその平均値は7マイクロメートルという。壁の厚さは0・5マイクロメートルであるから、内径の平均は6マイクロメートルとなる。精子が「1」個の毛細血管を泳ぎ抜けるとしたら、筒型の血管細胞からやや大きい精子の頭部もしくは尾部が出る。

毛細血管を内呼吸を担う赤血球などが通る。赤血球は厚さが1・7マイクロメートルで、直径は8マイクロメートルの皿状をしている。血管内には、1マイクロメートル大の菌が入ることもある。赤血球は縦長に連なったこの血管細胞を頼りに、電磁気力でつなぎとめた酸素という気体元素を体のすみずみに運ぶ。自分より内径の小さい血管を通過するときは体を折る。

精子の頭部に運動エネルギーの補給機関と、尾部に推進機関を備える代わりに、外性器の最先端が毛細血管のように細くなっていたとしたら、外性器を子宮口より奥に延ばして、直接卵子に「1」個の精子を送り届けえたかもしれない。さらには、直接卵子にDNAを注入していたかもしれない。

脳の間脳という部位は内臓を司る。その間脳の、視床下部という部位の神経細胞から、精生殖細胞の減数分裂を発動するホルモンが出る。ＧｎＲＨ（Gonadotropin releasing hormone）と略され、日本語の意味は、性腺を刺激するホルモンを放出させるホルモンである。このホルモンが視床下部の下にある下垂体をノックして、ＬＨ（Luteinizing hormone 黄体形成ホルモン）とＦＳＨ（Follicle stimulating hormone 卵胞刺激ホルモン）という使者兼実務者を精巣に派遣させる。体を巡って、精巣にたどりついたＬＨは、精細管の基底膜間質にあるライディッヒ細胞に結合する。これによってコレステロールからテストステロンが生産される。精細管の壁でテストステロンを受けとった生殖細胞は、分裂を開始する。

一方のＦＳＨは、精細管内にあるセルトリ細胞に結合する。このセルトリ細胞は、分裂を始めた生殖細胞に栄養を補給する役割がある。ＦＳＨが結合することによって、生産されたテストステロンを結合するタンパクが、細胞に合成される。

減数分裂をする精生殖細胞は、はじめに体細胞分裂をすると前に書いた。だが実は、その前にもう一回体細胞分裂を経ているのである。相方を幹細胞として精細管の壁に残すためだ。当方は体細胞分裂で「２」個の２Ｎ一次精母細胞となる。体細胞は、生まれてから死ぬまで、両親から受け継いだ染色体を父のものと母のものと区別し続ける。体細胞が両親の遺伝子の個性を守りきれないとき、個体は病を冒し、死ぬ。

2回の体細胞分裂を式に表す。この過程によって細胞数は1個から3個に変わる。

2N→2＊2N→2N+2＊（2N）

いよいよ一次精母細胞の分裂が始まる。有糸分裂が起き染色体が2倍になるまでは、体細胞分裂と同じである。

（2N）→（2｛2N｝）

体細胞で構成される男の子は生活をし、子を得ようとするとき、一次精母細胞の男親と女親の染色体は「結婚をする」。2倍になった染色体は、相同な染色体同士、身を重ねるようにして対合し、乗り換えを起こす。父と母から引き継いだ相同染色体を分解し、組み換わるものがある場合、組み換わるものを含めて、統合し直すのである。

減数分裂によって体細胞とは別の個性の、次世代を託す生殖子がつくられる。「発動」の当事者は、単独で精子を「産む」のである。少年の体を構成する体細胞群に守られて、生殖細胞が異なる個性をもつ染色体を発現させる。新生DNAにとって、生殖細胞は「子宮」であるといえる。組み換えられ新たに染色体が統合された細胞を｛｝に入れた。このとき「発動」の当事者は、性的に成熟するという。

（2｛2N｝）→（2｛［1+1］N｝）→（2｛［2］N｝）

遺伝子を組み換えたのちは、染色体の基本に立ち返り、それぞれ細胞質を得て分裂にかかる。核量は2Nで、これを第二次精母細胞という。

（2｛［2］N｝）→｛［2N］｝＋｛［2N］｝

細胞質が分離し終える前に、染色体が分裂を始め、最終的に「4」個の精細胞となる。
精細胞は、細胞質を退化させ変質させて、精子へ変態する。精子の核相は1Nである。

｛［2N］｝＋｛［2N］｝→｛［N］｝＋｛［N］｝＋｛［N］｝＋｛［N］｝

精細胞から精子が形成されるまでの期間は、一次精母細胞が、精細胞まで分裂する期間とほぼ同じである。全過程の2カ月半を二分した1カ月と1週間で精細胞が発現し、それから変態に1カ月強かかるわけである。月は地球を1カ月で周回する。蝶になるさなぎは、10日から1週間をかけて変態する。1カ月ちょっとで染色体の乗り換えは生じ、組み換えられたDNAは1カ月以上の整合性の試練を受ける。

生まれてすぐの精子は、レーウェンフックが見たようには泳がない。精巣液の中にいる間は運動能力を獲得しない。「脱皮した」生殖子は、それぞれの全長が70から80センチメートルの精細管の中にいる。精子は精細管から精巣網に集められ、輸精管を経て精巣上体管に接続される。上体管は5メートルから6メートルあり、精子は生まれてから精巣内を40センチメートル輸送され、上体管の6メートルと合わせて6メートル40センチメートルを移動する。長径3・5センチメートルの卵形をした精巣から、毎日2億から3億の精子が出る。
精巣上体には10億の精子が蓄えられる。3、4日でいっぱいになり、その間に射精され
ないかぎり、精巣上体で精子生涯は終わる。上体管の壁をすり抜けられるまで分解され、
精巣上体管に吸収される。分解された精子は生体を巡り、生体のどこかで、再利用される。
生殖子が世界へ出るためには、生産搬送一体型の輸送部門が、準備を完了させていなけ
ればならない。陰茎海綿体が充血しなければ、精巣上体から精子を呼び出せないことは前
に書いた。通路が確保されてはじめて、精管の高速輸送が機能する。
陰茎海綿体を充血へと導く刺激は、脳という神経系の臓器、または外性器という生殖系
の臓器の片方、あるいは両方からやってくる。神経系では、外界の認識を大脳皮質で性的
な刺激に変換する。生殖系の刺激は外性器への物理的な接触である。これらの刺激が、神
経系を伝って勃起中枢に連絡され、勃起中枢は情報を受け、副交感神経に指令を出す。
「発動」の当事者のもっとも「男性らしい」、もっとも「猛々しさ」を象徴するだろう勃
起現象は、副交感神経によって引き起こされるのである。勃起とは、アドレナリンで作動
する交感神経の働きではなかったのか。
副交感神経が司るのは、心身を「鎮静」状態に保つ作用である。それに対して肉体を刺

激し「激しい活動」に導くのは交感神経である。その交感神経は勃起をしたあとの、射精現象を司る。交感神経が「激しい活動」を起こし、精液を放出するのは次の段階なのであり、「発動」の当事者の生殖は、まずは心身ともに「鎮静」ありきなのである。その行為はコリンという物質で「発動」されるのである。

　この男性の生殖器に組みこまれた、生体の起動についての神経系の意味は熟考に値する。陰茎海綿体に血が充満するのは、血を封じこめるための筋肉が作動するからではないということである。副交感神経によって血管周りの平滑筋が弛緩することによるのだ。血管が膨張することによって背動脈と深動脈から、平常時以上の血流が流れこむ。海綿体を束ねているのは白膜で、この白膜は体内でいちばん厚い1ミリメートルである。その白膜を、充血体が中から押していく。この厚さによって内からの圧力が分散するのを防ぎ、これ以上膨張できないという閾値を大きくする。海綿体が膨張しきるとき、白膜の外にあって背動脈に隣接する陰茎背静脈が押しつぶされ、海綿体の内容量は維持される。これが勃起現象の構造である。血の流入量が増加する一方で、流出量が減少するという機械的均衡の現象である。

　さて副交感神経の働きの細部をみていこう。陰茎海綿体で作用する神経には2種類がある。アドレナリンの前駆体であるノルアドレナリンによって作動する交感神経系と、アドレナリンでもコリンでも作動しない神経である。この神経は興奮性と抑制性に分別され、興奮性の神経はタキキニンに反応して、血管を一時的に拡張こそすれ、性器全体が硬化するほど陰茎海綿体を増血させない。抑制性の神経は一酸化窒素に反応する。この抑制性の作用が、海綿体を充血させるのである。

副交感神経は陰茎海綿体にアセチルコリンと、アセチルコリンと一緒に存在する一酸化窒素を放出する。一酸化窒素は酵素によってさらに合成される。酵素はこの抑制性の神経の本体内部や、海綿体や血管の内皮に存在する内皮型のものが活躍する。大量に生産された一酸化窒素が、「精子のような」毛細血管が集まる陰茎海綿体の、筋肉組織の細胞に入り、グアニル酸シクラーゼ酵素を活性化する。これによってサイクリックGMPという物質が生成され、これが血管壁の周囲にあって、血管を締めつけている平滑筋を弛緩する。

心臓から血液循環の折り返し地点まで、副交感神経の延伸路の周囲で、一酸化窒素の作用によって血流がよくなるのは全身共通の現象であり、笑ったときにも血行はよくなるものの、目に触れ手に触れ感知されるところは外性器以外にはない。陰茎海綿体の血行がよくなって、その下にある尿道海綿体が延びてその中を走る尿道において「激しい活動」である射精へと準備がなされる。

外性器の直径を非勃起、勃起にかかわらず4センチメートルとし、長さは非勃起時の8

センチメートルから、勃起後14センチメートルになるとする。勃起時に必要とする血液量を、半径2センチメートル、高さ6センチメートルの円筒形を満たすものとするとき、体積は75・36立方センチメートルになる。ヒトの血管の流速を毎秒15センチメートル、流量は188・40立方センチメートル毎秒として、円筒の体積をこれで割る。封じられた空間であれば、この血液量に達する時間は0・4秒である。

緊張は筋肉の収縮の別名だ。精巣を包んでいる陰嚢の皮膚が収縮する。精巣からつながる精索の、精巣挙筋も収縮する。これで陰嚢は性器の付け根近くに持ち上げられる。精索の内部には精管、血管、リンパ管が通っている。精管は3から3・5ミリメートルの太さである。厚い筋肉層でできていて、内径は小さい。若干の精管粘液が管内に分泌され、精子は滑らか、かつ高速に移動する。この精管が蠕動することによって、40センチメートルの距離を体内に引き上げられる。

2個の精巣から出る2本の精管は胴体前部を通る。外性器の付け根を挟み、腎臓から膀胱につながる2本の尿管の内側を通り、膀胱の両脇でその後ろへまわり、後ろを下った精管はいちど膨大し、その先に行ってまた細くなる。

膀胱の後ろには、精管膨大部に隣接して、大きさが4センチメートル程度の精嚢がある。性的な興奮が維持されると量は増え、精液の75パーセントを占める。精嚢で分泌される精嚢液は果糖を含み、精子の栄養となる。

膀胱には尿が溜まる。膀胱の下にあるのが前立腺である。前立腺は膀胱からの尿道の一部となっている。大きな栗に似ていて、「男性の子宮」ともいう（これで「発動」の当事者に2つの「子宮」があることになる）。厚さ2センチメートルの壁を有し、精路はそこを貫通する。その部分を射精管という。膀胱口は、膀胱と、前立腺以下の尿道との境にあり、普段は不随筋によって閉められている。

射精時にいたって、尿道括約筋はさらに収縮され、精液に尿が混じることはない。尿道が拡張し広くなった前立腺の空間に、前立腺液が分泌される。前立腺液は精液の4分の1、25パーセントを占め、乳白色の弱アルカリ性で、タンパク質分解酵素や、独特の匂いを放つスペルミンなどさまざまな成分が含まれる。前立腺内部の尿道壁を見れば、割れ目のような射精管口が2つ開いている。「発動」の当事者は、この射精管の開口部を閉めることによって、性的興奮を維持する時間を制御する。排出前の膨張感、つまり射精への欲求に対抗することによって、精液の容量を増やし、精子の量も大きくする。

精巣上体から精巣膨大部まで、精子の移動にかかる時間は数秒であり、精路に身を任せた精子が順々に集まる。精嚢の出口の筋肉繊維が弛緩して、精嚢液が噴出する。精子は精嚢液の流れに引かれて前立腺の中に入る。2つの精巣から運ばれた精子は前立腺で一緒になり、前立腺液に触れて活性化する。泳ぐ能のある精子は、前立腺液の海に飛びこんで目を覚まし、泳ぎ出す。

前立腺の外に出て尿道がいちばん細くなっているところが、尿道の、尿生殖隔膜部である。ここを随意筋である外括約筋が閉め、前立腺液を封じこめる。この外括約筋によって前立腺がポンプの役割を果たす。

精路が、下降から、前進に切り替わる曲がり角で、カウパー（尿道球）腺液が分泌される。これは無色透明の弱アルカリ性の液体で、尿が通過したあとの酸性を中和する働きもさりながら、先がけとして、尿道を潤し精子の通りをよくする。

内性器でこれらの準備が進められる一方、外性器では、尿道海綿体が硬化することによって、亀頭が鋭敏化する。亀頭は最先端のセンサーとして、「過程」の当事者の外性器に触れ、精子を送りこみ先を探る。物理的刺激量が一定に達するとき、および夢精など大脳からの指令が伝達されるとき、腰椎にある射精中枢が指令を発する。熱いものに触れたとき即座に手を離す動作と同じく、射精は、反射運動である。植物の発芽は、一定以上の気温が一定の延べ時間に達したとき起き、いったん発芽した芽は、種殻を閉じることはない。指令が発せられたあとは、射精を個人の意思で止めることはできない。このときを不帰点、point of no return という。尿生殖隔膜部の外括約筋は弛緩し、精嚢の筋肉繊維も弛緩する。

同時に、前立腺の平滑筋は収縮し、前立腺を満たしていた腺液が絞り出される。精液は、曲がり角を経て尿道陰茎部に入る。尿道球海綿体筋が収縮することによって、さらに性器の外に押し出される。これらを司るのは交感神経である。尿道球海綿体筋は、外括約筋と同じ随意筋だが、射精反射のときは脈動する。この脈は外性器に触れれば感じることができる。7回目、8回目と射精を数え、大体15回から20回で終わる。

精液の成分濃度は、勃起指令と射精指令の発令で、分泌された腺液の順序をそのまま表す。外尿道口から滲み出るカウパー腺液は精道を潤し、射精1回目の収縮時は前立腺液の濃度が大きい。2回目、濃度が大きいのは精子である。射精後半のほとんどは精嚢液で、10回目以降は液体の目視は難しくなる。脈動の間隔は約0・8秒あり、終わるまではおよそ15秒である。精子が精巣上体から呼び出され、生殖器の外に出るまでの最短時間は20秒になる。

現在不妊治療で採用されている精液の基準値は、量において1ミリリットル以上、濃度は1ミリリットル当たり1500万以上である。液中精子の運動率は40パーセント以上、正常形態率は4パーセント以上である。つまり公式どおりの形を維持しているのは、4パーセント前後でしかない。これは「1億」の精細胞から、正常な精子は400万形成され、半数以上の精子が動かない可能性があることを意味する。

「発動」の当事者の生殖戦略は、輸送カプセルである精子の絶対数を多くし、出発時点でどの精子が卵子にたどりつくか語られることがないのは、競争を促すためであり、どの精子が生き残れるか、生存の問題を乗り越える確率的な試練を与えるとされる。

だが、数の多さを問題にするべきなのは、輸送体の種類の多さではないのか。精子がそれぞれに与えられた仕事をし、生き尽くす。「数多の全体として」輸送を確実に行うことを、生殖器は求めている。生殖器の目的は男女ともに、子宮口より奥に、生殖子を送りこむことであった。一射精について1個の生殖子が問題なのは精子も、卵子と同じなのではないか。


精子の生活を、時間と移動距離において数直線に表す。

精子が生まれる74日もしくは120日という時間に加えて、射精という20秒間を経た精子には、最長3日までの時間が命に加えられ、永遠の時間を得る可能性もつかむ。1日を秒に直すと8万6400秒であり、20秒は1日の0・023パーセントにあたる。瞬間ともいえるこの時間を経た精子は、他人の体の中で生きる。これはのちに述べる。

74日もしくは120日の間に精子が移動した距離は、その間に「発動」の当事者が「過程」の当事者のもとに通った距離、いや精細管内の移動35から40センチメートルと、精巣上体管の全長5メートルから6メートルの移動に加えて、精管、射精管の42センチメートル、尿

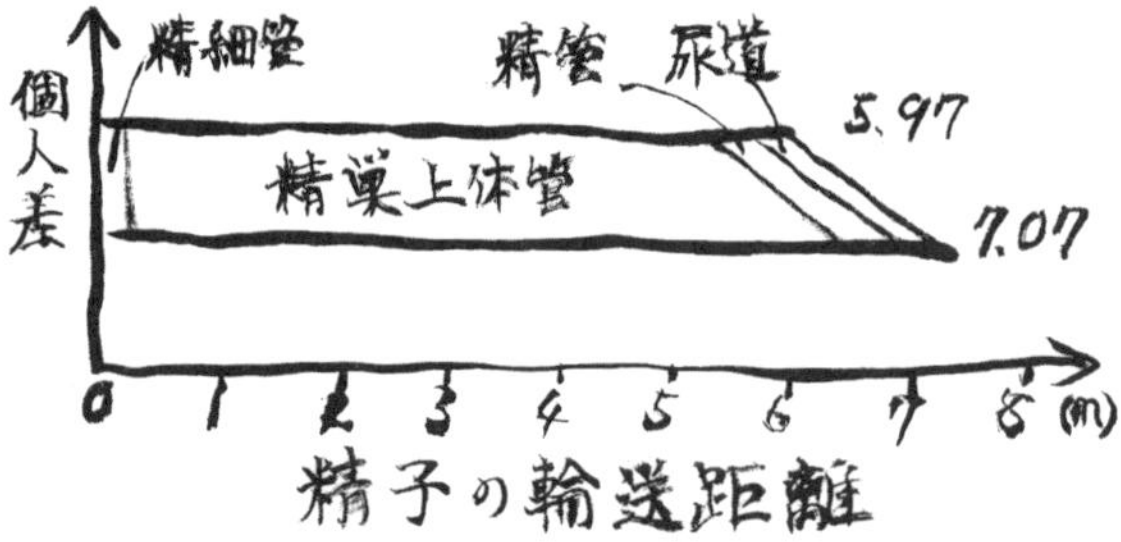
精細管
精管
尿道
個人差
精巣上体管
5.97
7.07
0
1
2
3
4
5
6
7
8
(m)
精子の輸送距離

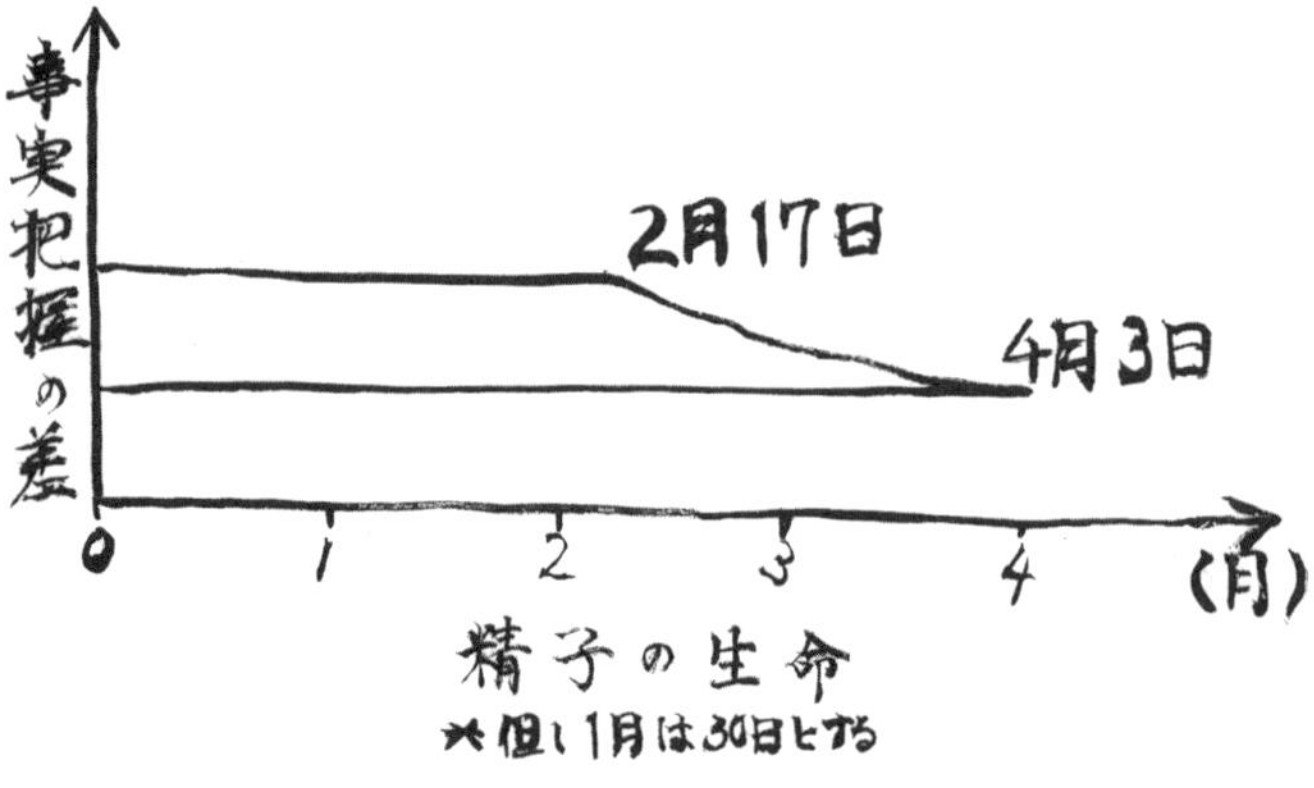
事実把握の差
2月17日
4月3日
0
1
2
3
4
(月)
精子の生命
※但し1月は30日とする

道の20から25センチメートルの移動を合わせた、５９７センチメートルから最長７０７センチメートルになる。

生まれてくる子どもが男の子か女の子かを分ける能が、精子にはある。この能は顕微鏡を使えば見分けられる。男の子になる染色体Ｙをもつ精子は、頭部が女の子の染色体Ｘのみをもつ精子より小さい。そのせいか男の子精子はすいすい泳ぎ、女の子精子は動きが遅い。

寿命にも差がある。男の子精子は短く、およそ１日であり、女の子精子は２日から３日保つ。これが「はじめに」で触れた、問題を解く鍵である「発動」の当事者の生殖子である。

ロ．卵子の生活

体細胞と生殖細胞

精巣は袋状の皮膚に包まれ精巣挙筋によって「骨格の外」に吊り下げられているが、卵巣は「子宮の外」に固定されている。卵子をつくる卵状の卵巣は、子宮側面の両側に、長さ2から3センチメートルの靭帯によってつながる。靭帯の主成分はコラーゲンの繊維であり、ふつうは骨と骨を固定するのであるが、これは固有卵巣策といい、中心を動脈が通る。一方骨盤の内壁に、やはり靭帯である卵巣堤索があり、これによっても固定され、この全体が子宮広間膜に包まれる。

靭帯を動脈が通るといっても入口がないのは精巣と同じである。だが、精巣には精管という管状の出口がある。卵巣には出口というものが欠落している。卵巣から子宮に向かう出口はない。卵巣は精巣以上に密閉度が高い。外界まで直結する精巣は、逆に生殖細胞が生命の秘密であるという点では、生殖子の密閉度の低さで問題があるのである。両親から染色体をもらうのは精子と一緒であるが、卵子が減数分裂を行う時期と現場はまるきり精子とは違う。精巣における生殖細胞のとらえ方を、いったん忘れる必要がある。なぜなら卵子が発現するのは、生殖腺自体が発現する前であるから。

卵巣における生殖子の生産は、いや、「過程」の当事者における生殖子の発現は、といい直そう。生殖子をつくるのは女の子であるとはいえ、その子すら「人以前」であるときなのである。人になるかさえ未定である胎児のとき、卵子の減数分裂は始まる。個体が胎児としてすら成していない胎芽のときに、始原生殖細胞は減数分裂を開始する。女親の補佐がなければ、個体さえも生まれない。未発達の個体が女親の腹の中で、女親と共同で、作業をしてはじめて卵子は生まれる。

胎児期のおよそ3分の1に、卵子は発生する。ゆえに卵子が直面するのは、成人したハムレットが生きるか死ぬかの問題ではない。生命として個体が発生するか、あやなくも系統発生の途中で終わるか否かという問題なのである。卵子は卵巣という密閉容器に収められ、さらに胎児の肉体に包まれて、人の世に産出される。卵子の発現過程を知るには、受精卵が分割を始めるところまで遡る必要がある。

生殖細胞に減数分裂が起きるのは精子と同じながら、始原生殖細胞に分化するあるいは、もっと早い段階の過程から、受精卵の生命活動が示す性向を継ぐからである。卵子が受精する過程はあとで述べるが、受精卵が女の子の生殖細胞をつくることは、子宮の卵管膨大部で母親の卵子が、父親の「太った」精子に出会う瞬間に確定している。

X、Y染色体の違いを認識する受精卵は、卵子の細胞質に蓄えたタンパク質で、DNAの複製および細胞質の分裂を始める。この分裂は体細胞分裂で、細胞の個数は増えるが、1個1個の細胞が小さくなるだけで、全体の外観の大きさは変わらない。これを桑実胚という。桑実胚は、表面に分裂細胞の輪郭が反映する様が桑の実に似る。

胚の内部から透明帯の下に外層が形成され、これが発達するにともない内層は分離し、その間隙に液体が満ちる。やがて内層に一定の場所に密集したところが形成され、それを胎芽胚葉と呼ぶ。受精5日目には、間隙は胚胞腔と呼ばれるほどに成長し、この胎芽胚葉も胚芽球となる。

胚芽球の外層を、栄養胚葉とよぶ。栄養胚葉とはよくいったもので、固体発生の各段階に応じて形を変え、個体に栄養を補給する役割をする。この胚葉から胎盤と卵胞は発生し、胎盤は胎児と母体をつなぎ、卵胞は卵子を個別に包むのみならず、胎児が、出生し成長して排卵をし、その排卵された卵子が、受精して着床するまで、生殖子と個体の連絡を担うのだ。

始原生殖細胞の前駆体である細胞が発生するのは、胚芽球が、この栄養胚葉に接する段階である。個体発生のこの初期の時期に、栄養胚葉で合成される「骨形成タンパク質4」という物質が、胚芽球に生殖細胞への分化を誘導する。骨形成タンパク質が生殖細胞の分化に関与するのは、すでにヒトの肉体の形式がここで決められているのか、あたかもヒトという脊椎動物が外甲殻を体の中に入れて、骨格を形成し進化した動物であることを物語るようである。卵巣を子宮につなぐ索も、骨同士を固定する靭帯であった。

受精6.5日には原腸陥入が始まり、始原生殖細胞の前駆細胞群は、将来の体の末端となる部分に集まる。マウスの場合、この時期に30個程度の始原生殖細胞を確認する。外からみた受精卵は胚が分裂している間、桑の実の外観をとりながら卵管の中を子宮腔に向かって進んでいるのである。個体になる体細胞群が分化を始めるこの時期にすでに、生殖をするべき、発生全能性をもつ、始原生殖細胞が分化する。

5日目には子宮腔にいたり、6日目もしくは7日目に子宮内膜に着床する。着床は妊娠が成功する目安となり、着床しない受精卵はいっぱいある。

受精卵が浮遊している段階で、十全な生殖子をつくることと、個体が五体満足な体を得ることが同時期に予定される。受精卵に生殖子が備わり、次の次の世代が発現しえて、はじめて受精卵と母親たる個体の間で、個体発生にとりかかることが諒解される。これは換言すれば、始原生殖細胞の前駆体が発現しない胚芽球は、将来を約束されない。生殖器において受精卵が個体発生するかしないかの決定判断は、着床が最終契機であるとしたら、次世代の固体発生能を備えない個体は着床を許されない。つまり維持されず、放棄される。

両親のもとに命を継いでいくということはおめでたいことだ。その実は、「38兆」個の体細胞群と、受精したばかりの「1」個の卵細胞の対峙であり、やがてその受精卵の中の体細胞群と始原生殖細胞群の対峙が発生し、命を継ぐことは二重の対峙の結果なのである。この二重の対峙期間において、受精卵が卵管内を浮遊、つまり生殖器の持ち主から自立しているという事実は、新しい生命の多様性にとって重要である。このとき前駆生殖細胞を発現させることが、卵胞細胞の浸透による卵子の持ち主と血の成分の受授から、持ち主の生血を生殖器から飲む営為への切符となる。

常識的に卵子は、子宮で、自分が結合させた「発動」の当事者の精子とともに、この世に1人しかいない生命をつくる真っ最中であると認識される。受精卵として「0」から発する時期に、将来相方と合体して受精卵となる生殖細胞が、38兆個の細胞群になる体細胞と同等、逆に体細胞に比しても、優先的に扱われることによって生命は成り立つ。だが生命を将来に継ぐ生殖細胞は、生命維持にかかわる体細胞よりあとにくるわけではないのである。この考えは、排卵の機序を見るときに補強されるだろう。

栄養胚葉は栄養膜細胞へと成長し、透明帯を破る。外に出た栄養膜細胞は合胞体になる。

合胞体は、細胞壁を退化させ複数が1つになる。多数の核が、細胞質を共有する状態である。それが母体の子宮内膜に侵入し、胎盤となる。この様子は、粘菌の若い時期の変形体に相似する。胎芽が成体の組織に進入して、本格的な分化を開始するほどに、栄養が豊富になる。胚芽球は胚葉分化し、この体細胞群は機能分化を始める。臓器が分化し、生殖細胞は他から分離し、密閉された生殖巣の中に収まる。これ以後生殖腺は個体の生命の維持に関与しない。

精巣から始まる生殖腺

前駆細胞群は、始原生殖細胞になり、増殖しながら生殖隆起まで移動する。増殖が進む胎生4週ころには体腔側に膨らみ、これを第一次性索という。ウォルフ管が発達し、生殖巣は両性とも、精巣の室状組織となる。精細管が索状をなし、始原生殖細胞がその壁となる。それが胎生6週のころである。

それ以降は増殖の仕方が性の違いによって異なる。胎生7週、受精後50日のころ卵精分化は明確になる。50日は妊娠の平均日数266日に対して、約5分の1である。胎生8週には生殖隆起を覆う白膜が形成され、生殖巣に構造の違いが出る。精巣では、内部で枝分かれしたウォルフ管の先に精巣網ができはじめ、本体の下降が始まり、骨格の外の皮膚下に現れる。10週のころには内部の室状組織もはっきりし、始原生殖細胞は増殖を続け、胎生12週から16週のころには増殖を終える。

男の子は増殖を中断した精巣を収めて生まれる。出産後の2、3歳児を、成人と比較すると、精巣に精細管は見られるが粗い。生殖細胞は始原生殖細胞のままであり、精子の変態を助けるセルトリ細胞は前駆体のままである。増殖を休止した精巣が、活性化する契機についてはまだわかっていない。

卵巣では胎生8週のころ、生殖腺の中に、ウォルフ管の枝管が発現したところで成長が止まる。第一次性索で索状をなしていた内部組織は退化し、生殖隆起を覆う白膜は、上皮となり、皮索が発現する。これを第二次性索といい、始原生殖細胞は増殖しながら、上皮の下の皮質に集まる。このとき始原卵巣としての機構が出現し、卵巣壁に近い始原生殖細胞群だけは残り、ほかは退化する。ここで卵子が卵巣に入る。

卵巣ができるこのとき、増殖を終えた始原生殖細胞は、減数分裂を始める。精子の減数分裂で生じた「2」個と同じ第一次精母細胞が組み換えを起こす。式は次のとおりである。

(2N)→(2{2N})

（2｛2N｝）↓（2｛［1＋1］N｝）↓（2｛［2］N｝）

精子の場合はそのあと、「2」個の、核量2Nの第二次精母細胞になる。

（2｛［2］N｝）↓｛［2N］｝＋｛［2N］｝

だが卵子の場合、ここで分裂を中断する。第一次卵母細胞のままとどまり、この卵母細胞を、栄養胚葉由来の卵胞が、布団をかけるように、ひとつひとつ包む。胎生16週、１１2日のことである。

卵胞の扁平な細胞が一層の膜をなして覆う卵母細胞は、卵巣の揺り籠のようでありながら、卵巣外表に近い細胞だけを残して、眠る生殖細胞を退化させていく。感度のよい場所に、感度のよいエネルギーを置くのは筋が通っている。卵巣の上皮は、伸張をすれば収縮もする。卵巣が密閉されることによって卵胞に働く内圧は高まる。休止中の卵母細胞は眠りながらその圧力を受け、核を回転させる。停止状態を維持するエネルギーはちょっとでは済まされない。いったん始めた分裂という作業を途中で休止するのであって、決して放棄するのではない。卵胞は卵巣の外からの合図に反応をし、のちに作業を再開させる必要がある。

　卵巣の生殖細胞は、数において精巣と逆の戦略をとる。一定数まで増やしたあとは、減らす一方で、胎生20週ころの第一次卵母細胞は、５００万から７００万個という。出生までに50万から400万個まで減り、初潮のときには数万から30、40万個という。卵子が排卵されるのは、少女の10代から50歳までの40年間、毎月排卵があるとして、1年に12個、40年で480個である。閉経時に残る卵胞は5万個といい、以後退化して消失する。

卵子は、266日までの残り154日間、胎内にいて寝て過ごし、体細胞群が分化を進めるのを横目に過ごす。胎児が出産されるその5カ月半後も、一切の生理現象を眠ってやり過ごす。女の子が十年から十数年かけて育って、臓器も生長を遂げ、身長体重が増加して、脳も情報調整能力を備え、個体が総合的に生殖に耐えるようになっても、卵子は眠り通す。人生最初に、ほかの卵子よりも早く眠りから覚めて、受精せずに排出されるものを初潮といい、それから閉経間際に排卵されるまで、さらに40年を眠り続ける卵子もある。

地球が太陽の周りを10周、50周と公転する間、眠りに眠れば、眠りから覚めるのは容易ではない。前にも書いたが卵胞の活動史は長い。初潮が訪れる1年前からばかりか、それ以前、母乳を飲むころも、羊水に浮かぶころも、人の中にあって卵子を包む。胎芽のころも、栄養胚葉に身を潜め卵子の成長を待つ。卵胞は低エネルギーを維持して生き抜き、側の眠りん坊を見守り続ける。卵子が眠る間に人の卵は人の子になり、人の子は大人になる。人の子になってもまだ眠ることが、卵子の仕事でもある。

すべての卵子を眠らせて過ごす幼少期の十数年というのは、人としてもっとも吸収能力が高い時期でもある。卵胞の中の卵子は眠っているようでいて、人間社会の現実を受ける女の子から、両親との生活のいまの「わたし」を託される。親から何を引き継ぎ、何を消すかという選別に、少女の無意識下で卵子は同調する。

内臓を司る間脳が働き、制御バランスが活性化へと傾くとき、下垂体は精子同様、血管を通して生殖器にＬＨとＦＳＨを届ける。玄関先に人が訪れたとき、先に気づくのは外の近くにいる方だ。ホルモンによって卵胞が目を覚ます。生理にともなう毎月の出血は、確かに出血の2週間前の排卵によるが、経月のおよそ13カ月前に卵胞は目覚める。排卵を導く機序は、地球の周期とほぼ同じ時間をかけて用意される。同期に覚醒する卵胞はおよそ1000個ある。生命の初源となる細胞「1」個は、毎月「1」個排卵されるが、その卵子の成長を任う原形質は、それだけの時間とエネルギーをかけて用意される。

目覚め

卵胞は目覚めるとき、大きさはまだ0・03ミリメートルである。精子の長さのおよそ半分しかない。ＬＨは卵胞の外層にある莢膜細胞をノックする。莢膜細胞が覚醒することによって、卵子の核にかかる圧力は軽減し、卵子核の回転が止まる。莢膜細胞は同時に男性ホルモンを合成する。

ＦＳＨは卵胞の中にまで入っていき、顆粒層細胞を刺激して、男性ホルモンであるテストステロンを、女性ホルモンに転換する。また顆粒層細胞は立方体から円柱状になり、それ以後、受精するまで、卵子が周りにまとう透明帯を、糖タンパクで維持し続ける。顆粒層細胞はその膜を越えて、個体の分泌系とシグナルを交わし、それによって卵子の遺伝子は活性化する。遺伝子は転写をはじめ、体積が大きくなる。ここまででおよそ１２０日、約4カ月かかり、卵胞と卵子はともに、当初の3倍以上になる。

遺伝子の転写因子は、卵母細胞核の外に出て、顆粒層細胞を覚醒させる。それによって卵胞膜の上部が皮膜化する。こうして細胞の中に血管が通う。皮膜の下で、顆粒層細胞は9層まで重なる。ここまで１７０日間が経過、累計で２９０日、9カ月と20日である。大きさは4カ月目と比べて2倍になり、０・２ミリメートルになる。

9層の顆粒層細胞の中に卵胞腔ができ、そこにムコ多糖類、ホルモンと血漿成分からなる液体が満ちる。ホルモン活発化の波を受けて、成体と、ホルモン連絡経路が確立する。この段階はおよそ70日間を要し、これで約1年が経過する。卵胞の大きさは前段階の25倍、5ミリメートルにも達する。これは当然ながら、肉眼で確認できる。

大きくなった卵胞は多忙でもある。卵子をとりまく透明帯の外の放線冠を形成したり、基底膜の内側や卵胞腔の外周強化、膜間と放線冠の間を埋める卵丘の形成などを行う。外部とのコミュニケーションもさらに活発化する。ここまで生き残った卵胞はみな、成体との連絡がとれて卵子の成熟させてきたものばかりだ。卵胞覚醒後12回目の黄体退行によって、GnRHがFSH発送指令を出すとき、顆粒層細胞にこのFSHやLHを受ける受容体がつくられて用意ができていたら、最終段階のラストスパートに移行する。1000個ほどあった同期の卵胞は、大概が変成吸収されてしまって、残っているのは5個から7個のみである。

FSHが送られてくるのを待つ卵胞同士の戦いは、FSHがくるときまでにいかにFSH受容体を、大量に備えているかにかかる。FSHを独り占めするか否かが、生死を分けるのだ。卵胞と卵子の二人三脚は同時に、個体の体細胞群とも協働する。少女がかつて受精卵であったとき、受精卵と母体をつなぐ胎盤をつくった胚葉から、卵胞は分化した。胎盤は受精卵と母親とが連携するべく機能した。だからこそいま排卵する少女がいる。その少女と新生卵母細胞が、胎盤と同じ由来の卵胞によってつながる。

FSHを独占しえた卵胞はテストステロンと、インヒビンというホルモンを、上皮細胞と顆粒層細胞から分泌する。テストステロンは、分泌された途端、顆粒層細胞を総動員させた卵胞によって、エストロゲンに変えられる。エストロゲンは血中に放たれ、卵胞から成体に「活動体勢、万事ＯＫ」の連絡がいく。これを受けて視床下部は「ならば生殖に邁進せよ」とＧｎＲＨを増産する。それを受けた下垂体は、ＬＨとＦＳＨを増産する、はずなのだ。エストロゲンには下垂体のＧｎＲＨの感受性を上げる働きがあるのに、インヒビンには、下垂体によるＦＳＨの分泌を抑制する働きがある。

インヒビンを分泌されて、ＦＳＨを受容する機会を逃してしまった卵胞は、アポトーシスの道に追いやられる。第一線から退いていく最後の仲間を見やり、自分の卵子を排卵まで育てあげた卵胞は、残された自分の使命に自信をもつ。持ち場を守り抜いた自信が、胎盤を通して個体の生命を守った力と、同じであることを見抜く。ＦＳＨを吸収する仲間がいないことを知るとき、卵胞液を一気に増加させる。卵胞腔が拡張され、卵子を抱く卵丘が卵胞の一隅に寄せられ、卵胞は2センチメートルの大きさになる。1個の卵子が、卵巣の2分の1を占めることになる。

この様子は着床直前の受精卵にそっくりである。桑実胚が外層と内層に分離し、胞胚腔ができる。その内層から胚芽球が形成され、外層から栄養胚葉ができ、栄養膜細胞ができる。胚芽球から始原生殖細胞を誘導したのも、この外層である。

卵胞は生殖細胞を抱いた卵丘ごと、卵子を送り出そうとしている。栄養膜合胞体が胎盤となる過程が生命の爆発であったなら、排卵は卵胞の爆発だ。

排卵

卵胞によってインヒビンが送られる下垂体は、FSHを抑制する代わり、LHで応える。このとき下垂体が分泌するLHを「LHサージ」（別名「ホルモンの嵐」とも）という。「ホルモンの嵐」をまともに受ける卵胞は「嵐」ではなく慈雨を受けたかのように、排卵の準備をする。排卵が起きるのは、嵐が始まって1日、もしくは1日半であり、嵐のピークを迎えてからは10時間から12時間である。

覚醒した卵子は自分を乗せて発射する「卵胞ロケット」の精査を行い、発射後に自分が必要とするものを用意させる。成体との相互調整が万端であることを、卵胞が告げるころには、1000もいた覚醒仲間は競争から脱落している。自分と仲間を分けた現実を反省する心は、したたかで冷静で、哀しみに流されはしない。

膨張した卵胞が卵巣上皮を膨隆し、薄くなった卵巣壁に破裂孔のあたりをつける。排卵、つまり卵巣から卵子が出るとは、卵胞が卵巣の胚上皮および白膜を破り、卵胞上皮細胞層を破裂し、卵胞内に溜めていた卵胞液もろとも、腹腔に、卵丘を噴出することである。これはまさに、地殻からマグマが噴出する噴火だ。

成熟した卵子の大きさは0・20から0・25ミリメートルで、卵胞は2から2・5センチメートルである。卵子は7、8倍、卵胞は750倍になる。3000グラムの赤ちゃんは、体重45キログラムから75キログラムの成人になり、産まれてから15倍から25倍になる。

卵子の分裂における経済

卵子は「ホルモンの嵐」の最中に、ここまで引っ張ってきた減数分裂を再開し、第一次分裂を終える。精子の第一次減数分裂と同じで、核量2Nの「2」個になるのだが、精子と違うのは、卵子は極体をつくるということである。

極体は、染色体のみを入れた袋で、いわば裸体の核である。あるいは精子の頭部のようでもあるが、一生、自分の細胞をもつことはない。極体は卵子の細胞質内の、極力場所を取らない端にいる。第一次卵母細胞の姉妹染色分体は、細胞質の主と、極体となるものに分けられる。卵子は細胞質を1個しか形成しない。卵子は細胞質を経済する。受精するまで運命が降った姉妹とひとつ屋根の下に同居する。生活する部屋の押し入れに密閉した死体をつめ、同じ部屋で寝起きをするようなものである。

（2｛「2」N｝）→｛「2N」｝＋【｛「2N」｝】

第一次減数分裂を終えた精子は、第二次精母細胞から4個の精細胞を配した。

｛「2N」｝＋｛「2N」｝→｛「N」｝＋｛「N」｝＋｛「N」｝＋｛「N」｝

卵子は第一次減数分裂のあと、胎児が子宮という密閉空間から内呼吸のみで出るように、排卵されるときも、眠って卵胞液とともに出る。寝る前に細胞質を得た染色体は、分裂を起こして第二次卵母細胞になる。卵子はここで2度目の犯罪を演じ、姉妹染色体は極体となる。排卵直前のこの時期第二次卵母細胞となってすぐ、またブレーキを踏む。卵胞ロケットに対する自立性を保つべく、減数分裂を休止する。

｛「2N」｝＋【｛「2N」｝】→｛「N」｝＋【｛「N」｝】＋【｛「2N」｝】

今回の眠りは何年という単位ではない。地球が1回転半自転する、半日から1日半の話の予定だ。24時間から36時間。地球も夜は眠る。

卵子は、卵胞の炸裂噴射に乗って卵巣の壁を越える。飛び出す先は、臓器群がそびえ立つ腹腔だ。冷えたマグマが飛散する中、漿液の海で、イソギンチャクが卵子をとらえる。卵管采が卵子をつかまえそこなったときは、腹腔内で着床する事故もある。

体細胞と生殖細胞の項で、着床するのは、生殖細胞の発現をみた受精卵のみであると書いた。卵管内を浮遊する間は、受精卵は母体組織に接続をしていない。組織液に浸潤していることは、不安定な接続といえる。卵子の立場からみた着床は、自分と「発動」の当事者の生殖子が結合し終えたことを意味するのだった。

単独の卵子が、腹腔を浮遊することはなにを意味するのか。卵子は個体内にのみ存在し、外には顔を出さない。組織は卵子を放ち、卵子は個体の中で浮遊する。受精卵が卵管を移動するのと同じく、環境こそ人間に対して閉鎖されているが、直接的な接続器官をもたずに単独で生活する。個体の中でただ、組織体から放り出される時間が、続けて2度生じるのである。

イソギンチャクという動物は地質学的に、陰生代に発生する。陰生代は先カンブリア時代ともいうが、明瞭な化石が出た5億4100万年前以前を指す。海の浅瀬に棲み、口盤を開け触手でえさをつかまえ、口まで運ぶ。口盤は肛門でもあり、老廃物をそこから出す。口盤の反対側に足盤があり、移動もする。体部分は括約筋でできており、円筒形が膣に、口盤を閉じた形が若者の肛門に似るゆえに「磯つび」および「わけのしんのす」という。

このイソギンチャクの触手が卵管采に相似する。女性の内生殖器は、胎生20週過ぎにウォルフ管が退化することによって、卵巣の密閉が完成する。そのころに並行して発達したミュラー管に、卵管采は発生する。卵巣から噴出された卵子は、子宮より先にできた卵管采によって、卵管内に輸送される。ミュラー管はさらに伸び、2本の先端が合流して子宮を形成する。子宮は「袋」といわれるが、元は2本の管が合流し、その経緯は子宮口として残る。つまり元は2本の管から胎児が出て行き、精子が入り来る。

子宮という臓器は子宮口と、2本の卵管が外に開いている。子宮口においては、排卵する1日から2日前に限って、エストロゲン成分の粘液が分泌される。純粋な水溶液でつくられた塩はふつう正四角形の結晶になるのに、この粘液は、結晶させると羊歯の葉の模様をつくる。

3カ所も口が開いている子宮に胎児のための密閉した空間をつくるのは、羊膜である。シダ科の植物は、大陸に早期に上陸した生物である。イソギンチャクの触手の形状は羊歯の葉のようでもある。卵管采は王冠にローソクを何本も立て、火を灯す代わりに、羽を複数枚つけたような形をしている。掌や扇は歓迎の意を表す。シダ科植物の葉の始原的な意匠が、陰生代から生きる生物の口や、子宮に開いた口に迎える歓びを添える。

受精しない卵子には24時間の時間しかない。精子には1日から3日の時間があった。卵子は姉妹を閉じこめた2つの袋もろとも、細胞質や細胞壁ごと死ぬ。射精されなかった精子が精巣上体で変性吸収されるように、卵子も卵管で変性される。

人の体液には0・85から0・9パーセントの塩分が含まれる。海水が塩辛いのは、体液の4倍の塩に反応するからだ。手でつかんだら潰れそうな、正体がない卵子は子宮広間膜の外の腹腔に漂う。卵管采は自律神経で動き、その羽で卵子を扇ぐ。何年もの間、密閉されてきた卵子だ。卵子の放線冠はウニやイガ栗のようでもある。警戒心が働く。精子よりも私たちに近い、同質な何かであることを直観させるに十分である。

毎月、隆起した卵巣の側の卵管采が、卵子を招き寄せ、自分の中に送りこむ。受精するまで卵子は、卵管の中で一人休む。先に卵子は2度浮遊すると書いたが、精子もしくは死を待つ時間を数に入れれば、3度浮遊する。3期間を通算すると7日もしくは8日になる。

卵子の姿は、断絶による継続そのものである。自分が一切を担う単独の細胞として放り出される、その瞬間に1個で存在する。だからこそ、継続する。生命を継続する「過程」の当事者の一側面は、周囲からの断絶という事実である。

卵胞による鎮魂

卵胞は、卵子を旅立たせて仕事が終わるのではない。皮質化していた卵胞は、卵丘の噴出によって出血をする。「過程」の当事者は、「ホルモンの嵐」によって体温が上昇し、排卵をする時期を基礎体温を測ることで知ることができる。体温の上昇には、卵子を送り出した卵巣の傷も無関係ではないだろう。ＬＨホルモンは、日本語の名前の黄体形成ホルモンがその後の卵胞の仕事を示唆するとおり、卵胞に卵胞腔の内面を覆う膜細胞を増殖させ、黄色の顆粒を発現させる。形成された黄体は排卵から３、４日後、エストロゲンやプロゲステロンを分泌する。卵胞はこのホルモンによって、生殖器のみならず、成体全身へ向けて妊娠体制を敷く。卵子が生命となって子宮から出る最後まで見守るのである。

卵胞は血管を通じて、いながらにして子宮に黄体の使者を送る。ホルモンを受けた子宮は、膜液を分泌し、内壁を増殖させ、着床の準備をする。子宮内に開いた卵管口から、卵子が精子をともなって出てくるのを待つのだ。受精卵が着床し、胎芽に発達するとき、栄養膜合胞体は絨毛を通して、子宮側にホルモンを送る。そのホルモンはＨＣＧ（Human chorionic gonadotropin ヒト絨毛性ゴナドトロピン）という。第三の性腺刺激ホルモンである。卵胞にＨＣＧが届いたら、黄体は自分が送り出した卵子が、妊娠へつながったことを知る。

待てど暮らせど、卵子がやってこない場合、またやってきたとしても卵子単独であったり、受精はしたものの息も絶え絶えの場合、ＨＣＧが全身の血液循環に乗ることはない。

卵胞にホルモンがこないとき、卵胞は黄体から使者を送ることを止める。黄体は黄色顆粒を失い、卵胞は繊維質に退縮し、成体へ吸収される。

子宮では「卵子が潰《つい》えてしまったのですから、用意しておいたものは一切片付けます」と、増殖した内壁膜はアポトーシスを起こす。血管は血を送る先を失い、血の一部は内壁に吸収され、一部は子宮から出血する。

視床下部では、GnRHを分泌し、それによって下垂体はFSHを血液に載せる。FSHは卵胞刺激ホルモンである。それを受けた卵巣では、FSH受容体を備えていた5ミリメートル大の卵胞がラストスパートをかける……。

卵子の数直線

卵子が卵子として生きる時間を表したのが次の図である。時間は年を単位にした。胎生7週で精卵分化が終わり、16週で増殖を終えて減数分裂を始める。16週は112日であり、妊娠期間266日の残りは154日である。5カ月半の胎内での生活を、未完成である生殖子は、未完成である人間の中で過ごす。眠りについた卵子の一部は、閉経する55歳まで

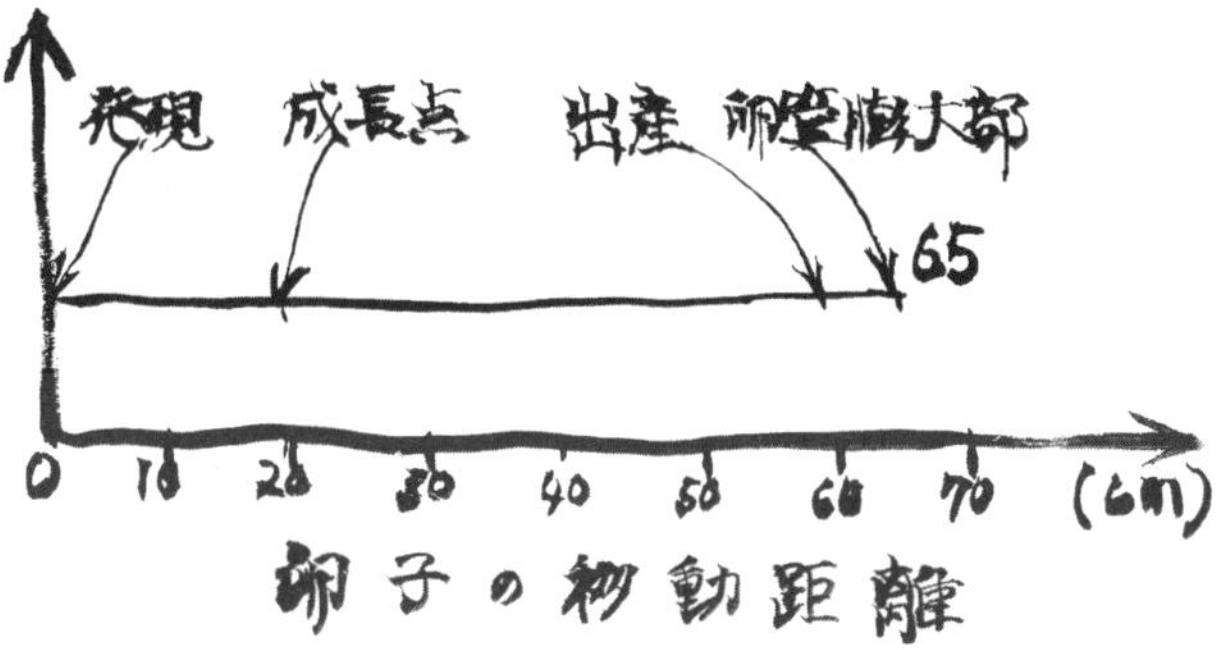
発現
成長点
出産
卵管膨大部
65
0
10
20
30
40
50
60
70
(cm)
卵子の移動距離

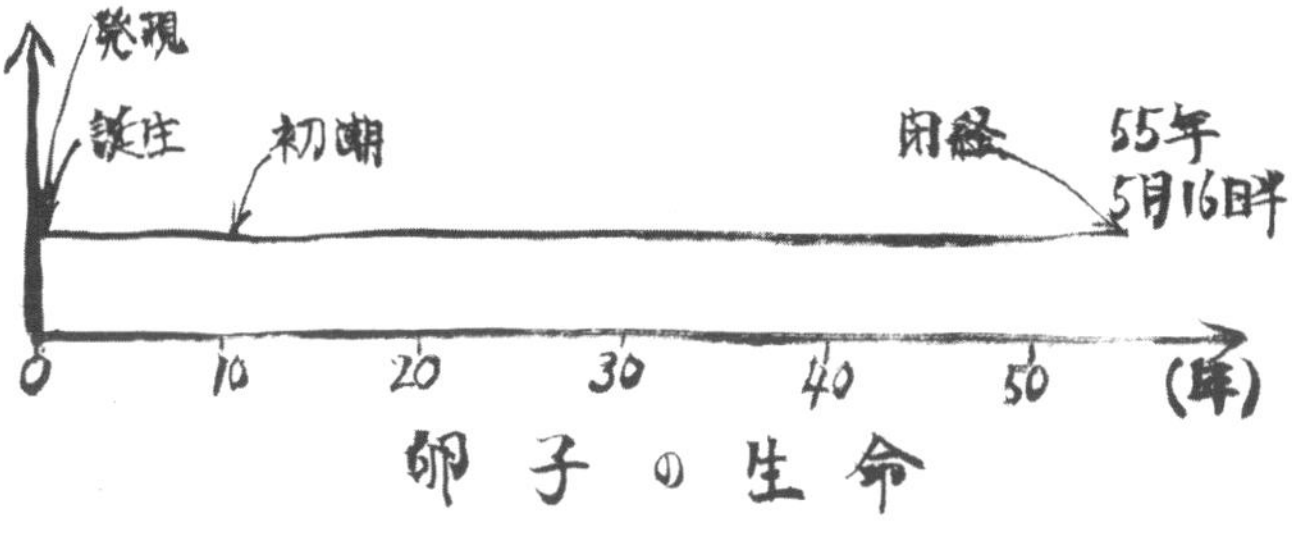
発現
誕生
初潮
閉経
55年
5月16日半
0
10
20
30
40
50
(年)
卵子の生命

眠り続ける。最後の卵子が排卵されてからの寿命の1日もしくは1日半を加える。合計すると55年5カ月と16日半となる。

こんどは最長五十数年眠り続ける卵子が移動する距離をみてみよう。胎生16週の胎児は正常分娩を想定し、身長およそ20センチメートル、下向きで、頭部が下、臀部が上とする。子宮腔の長さは非妊娠時の「逆くの字」型の後方内壁9センチメートルであったところから、およそ14から15センチメートルは伸長する。羊膜の中、子宮底に押しつけられた胎児の外表から、腹腔内の生殖腺までの距離を、2・5センチメートルとする。

分娩直前の胎生38週では、胎児は身長50センチメートル、子宮腔36センチメートルになり、胎生38週での臀部から卵子までの距離を5センチメートルとする。子宮腔の長さからこの距離を引いた数字が胎生16週では12・5センチメートル、胎生38週では31センチメートルとする。これによって卵子は胎児の成長にともなって、12・5センチメートルから31センチメートルまで、18・5センチメートルの距離を動き、出産によって、その位置から子宮口までの距離を下りきる。それで31センチメートル、あとは10センチメートルの膣を経て成体の外へ出る。胎児期の、卵子が移動する距離の合計は59・5センチメートルである。

次は腹腔の中の卵子の移動距離を計算してみよう。個体の成長にともない生殖器も成長する。個体の中の、その卵巣の移動を仮に2センチメートルとする。卵巣の形はうずらの卵型であり、長径は約３・２センチメートルである。卵巣内を卵胞の成長および破裂にともなって移動する距離を、およそ０・５センチメートルとする。卵管采による移動は１センチメートルとし、卵管の全長は10から12センチメートルといわれ、卵管膨大部までの距離を、およそ2センチメートルとする。成熟するまでの個体内の移動合計距離は５・５センチメートルとなる。

胎児から成体までの卵子の移動距離を合算すると65センチメートルである。

「発動」の当事者は恥骨の外で生んだ精子を、腹腔の膀胱上部まで引き上げる。水源が上にあればあるほど、配水の機能が上がるのと同じとして、卵子を運ぶ胎児も、胎児の体が大きくなるにつれ生殖子の位置は上昇する。それはあたかも胎内で位置を上に上げられた生殖子が、胎児の中にあるまま、位置エネルギーを大きくし、胎児の出産によって胎児とともに、自重で外に流れ出るかのようである。

「過程」の当事者が卵子を「過程」の現場まで輸送するとき、二重の意味がある。

ふつう排卵というときは、生殖子を子宮まで輸送すると思われる。だが、女性の丹田にある生殖子は分裂が無事に済みさえすれば、一貫して当代が先代から引き継いだ万能を備えた細胞である。その排卵されるべき、引き継がれた卵子は、先代の体内に女性が宿るとき、先代によって排卵され受精されて1週間内外で発現する前駆体が、先代の「過程」の現場である子宮で体細胞とともに育ち、生殖子として発現しなければ、この女性の丹田で機能を発しない。先代の「過程」の当事者における出産という輸送は第一段階であり、これは卵子であるための必要不可欠な過程であり、現「過程」の当事者における腹腔内の輸送は、これを経た第二段階なのである。

排卵をする少女には、この卵子の視点は意識されない。第二段階こそ女性にとっての主体的な段階であり、自分が胎児のとき形成される生殖子の輸送は、まず忠実に体を生育することによってのみ実現される。女の子の体には、生来、卵子の原形質を「接続」する仕事があるのである。

ヒトの生殖を全うする「過程」に、原形質における縦の「接続」が不可欠である。受精は父と母の生殖子を、染色体レベルで接続し、卵細胞の原形質に提示する。卵管の中にいる間、受精卵に組み換えを終えた父母のＤＮＡの提示を受けた原形質は、統合を吟味する。これが「過程」の当事者において原形質を保全し、引き継ぐ機構である。この吟味がその後の一切、胎児から乳児となる体細胞が生活をし、やがて体細胞と同じ原形質から分化した新生卵子ＤＮＡが卵胞に介在されて、横の「接続」を成功させるか否かにかかっている。

ここに「過程」の当事者の親子の間に生じる血の問題がある。女の子は自分の体に「眠る生殖子」を持って生まれる。その生殖子は、自分と根は同じである。自分同様、両親からもらった染色体から生まれる。しかし女の子は両親の染色体を与えられたままにしているのに対して、生殖子は女の子が「お母さん」のお腹にいるときに、染色体の組み換えが生じている。女の子のお腹に一緒にいる生殖子は、1個1個が異なるものである。

女の子から見れば、「お母さん」があればこそ自分がある。それは生殖子にとっても「お母さん」があればこそなのである。女の子も、「お母さん」と共同で、組み換えを生じさせている。

これは、先代の「お母さん」にとっても同じである。胎児である自分を通して世の中に出てきた生殖子の元は、「おばあさん」、「おじいさん」と「お母さん」が共同でつくった生殖子である。女の子が「お母さんの子」になることは、その生殖子と「発動」の当事者である「お父さん」の生殖子とが、「お母さんのお腹」での「過程」を経たゆえに、自分が存在するようになったのである。

祖母のお腹にいる、生まれる前の「お母さん」は、誕生後「おばあさん」に授乳され、生活する「おばあさん」の血で育つ。生後は「おばあさん」と「おじいさん」が共同の生活をする環境で、その料理を食べて育つ。やがて「お母さん」は自分で生活をするようになり、自分の食環境で妊娠をする。女の子は「お母さん」のお腹で、「お父さん」「お母さん」に、自分も加わって、生殖子をつくる。その生殖子は、眠って、出産される。

女の子の生殖子は、5人がかり、3世代がかりで生産されるのである。女の子の生殖子と姉妹である生殖子は、まだ「お母さん」のお腹に残っており、それらは「発動」の当事者の精子に接合すれば、いずれ自分同様に個体の外に出る。

浮遊する7日もしくは8日という断絶は、この「過程」の一角である。

ハ．女性生殖器内での精子の生活

卵子が、ヒトの「体から出る」には、生命の中で生殖子という形で「縦」に継がれ、さらに「横」に継がれてはじめて可能になる。

性器同士は「0」の地点で接し、外性器は「10」の地点まで進入して、子宮口に接し、生殖子を放出する。当事者同士が生殖器を接続する距離は、10センチメートルしかない。求め、求められることの場は「10」のみなのだ。人間が近寄れない「過程」は、欲しあう魂にとって、人生の奥行きともなる。

「発動」の当事者が「10」の地点で放出するのは、論理的理想である。可能なかぎり子宮口に近づいて放出しても、望む妊娠が得られないことがある。

妊娠を確実にしようとする思いと行為のある一方で、膣外で放出して妊娠を避けようとしても妊娠することがある。「発動」の当事者側には外性器が「外」にあるときや「0」の位置にあるときは、相手は産まないという考えがある。「過程」の当事者側には排卵の周期から日にちが外れているときは、妊娠をしないという考えがある。「過程」においては常にどちらとはいいきれない。排卵周期の変更など、突然の人間の想定外のことが生じる。

生命と水

「発動」の当事者は、自分では出産はできなくても、人を産むことにつながる行為を理解する。一方で大半が「過程」の当事者を、性器の入り口ととらえる見方をしており、入口から先の膣内を、自分のもっとも「弱い」部分が「入る」場所と認識する。精子を放出する「発動」の当事者が、生殖子の放出に対してロマンチックな傾向にあるのは、肉体が行為の結果を引き受ける仕組みになっていないことの外に理由はないだろう。

その「発動」の当事者に共鳴する若い「過程」の当事者もいる。「産まない」性行為を実行するペアにとって、妊娠しないことは、目的のひとつである。出産を経験していない「過程」の当事者は、自分もいつか妊娠をするだろうと頭では理解する。妊娠は人生に何百回と起こるものではないうえに、形態の変わりようが激しい機能でもある。経産婦であっても、出産は一言では言い表しがたいものである。

「過程」の当事者の外に開く膣口を覆う粘膜は処女膜という。出生時には外陰部に飛び出していることもあるが、日が経過するうちに隠れ、多くの場合、成長にしたがって処女膜痕となる。完全に消滅することはなく、膣前庭の後方に半月状に残る。尿道を塞ぐことはないのだが、稀に無孔処女膜といって完全な膜のものがあり、常に再生される。そのため手術が必要となる場合もある。この粘膜は薄く血管がほとんどないため、本来破損時に出血がみられることはない。

そもそも名前の意味が「男性性器が1回目に進入する女性側の膜」である。この膜が「発動」の当事者によってのみ破裂させられるべきとされてきたのは、そう昔のことではない。「過程」の当事者が外性器を受け入れるのが初めてであることが、シーツに付着する血痕によって証明されたのである。もし初夜のシーツが花嫁の血で汚れたのなら、結婚に対する恐怖を抱く「過程」の当事者が、誤った進入をした「発動」の当事者によって、膣傷害を起こしたためである。

ある説では胎児期から幼児期の女児に、膣に水を進入させないために処女膜はあるという。女児が成長し免疫能力が高まるまで、水によって膣の酸性環境が洗い流されるのを防止するのだ。ほかの説では、膣に放出された精子が逆流するのを防ぐという。

この膜は「過程」の当事者本人が、定まった認識をするのが難しい。目視確認することが難しい位置にあることも関係する。「過程」の当事者の「0」の位置は、通過するものによって入口でもあり出口でもある。「発動」の当事者にとって陰唇部分は進入する口であり、「完成」の当事者にとっては出ていく門である。他者の出入りが激しい「過程」の当事者は、主体性を確立することに特殊な能を必要とする。

女の子の人生に、体に開いている口で最初に登場するのは「おしっこの出る口」である。「うんこの出る口」は女の子に見えなくても、男の子も同じく見えない。肛門には内と外に筋肉が備わり、それを自分で締める。「おしっこの出る口」は随意筋がなく制御できない。男の子の「おしっこの出る口」は、男の子に見えるのに、女の子はおしっこは見えるのに、その口は見えない。自分のは引っ込んでいて、どこにあるかはっきりしない。「しっぱなし」はよくなくて、口付近に付着する飛沫を、トイレットペーパーで拭くように躾けられる。白い紙に黄色く残る便同様に、拭く尿は「汚い」。

尿も色が見え、それ以上に血はよく見える。いずれ鏡を用いて外性器の場所や外見を確認し、生理の「血が出る口」も、数センチメートルをおいて同じ平面上に、直接体に開いているることを知る。女性性器は視覚的かつ物理的に把握しづらい形をしているうえに、その位置も正面より下である。初潮を迎えるきまり悪さは、尿を「汚い」とする認識と接近

郵便はがき

料金受取人払郵便

新宿局承認

2524

差出有効期間
2025年3月
31日まで
(切手不要)

1 6 0-8 7 9 1

1 4 1

東京都新宿区新宿1－10－1
(株)文芸社
愛読者カード係 行

ふりがな お名前		明治 大正 昭和 平成 年生	
ふりがな ご住所	□□□-□□□□		性別 男・女
お電話 番 号	(書籍ご注文の際に必要です)	ご職業	
E-mail			

ご購読雑誌(複数可)	ご購読新聞 新聞

最近読んでおもしろかった本や今後、とりあげてほしいテーマをお教えください。

ご自分の研究成果や経験、お考え等を出版してみたいというお気持ちはありますか。

ある　ない　内容・テーマ(　)

現在完成した作品をお持ちですか。

ある　ない　ジャンル・原稿量(　)

名				
上 店	都道 府県	市区 郡	書店名	書店
			ご購入日	年　月　日

をどこでお知りになりましたか?

書店店頭　2.知人にすすめられて　3.インターネット(サイト名　)

DMハガキ　5.広告、記事を見て(新聞、雑誌名　)

質問に関連して、ご購入の決め手となったのは?

タイトル　2.著者　3.内容　4.カバーデザイン　5.帯

の他ご自由にお書きください。

(　)

書についてのご意見、ご感想をお聞かせください。

内容について

カバー、タイトル、帯について

弊社Webサイトからもご意見、ご感想をお寄せいただけます。

協力ありがとうございました。

お寄せいただいたご意見、ご感想は新聞広告等で匿名にて使わせていただくことがあります。

お客様の個人情報は、小社からの連絡のみに使用します。社外に提供することは一切ありません。

■書籍のご注文は、お近くの書店または、ブックサービス(0120-29-9625)、セブンネットショッピング(http://7net.omni7.jp/)にお申し込み下さい。

している尿道の「汚なさ」が「出産」のおめでたさにそぐわないからだ。「過程」の当事者にとって、そこは「外性器の入り口」である前に「菌が子宮に入る口」なのである。痛みを感じたり感じなかったり、違いはあれど、膣を通って血が流れるからには、子宮内に傷口が開いているだろうと思う。腸管の出口と、尿道口、膣口が近いことによって、便の残りやそこらにいる菌が、開口部分から侵入することに警戒心を覚える。膣口と尿道口には、菌を防ぐような筋肉はない。内容物を留めておくのは、口を開けている袋の役割だ。現代においても「過程」の当事者は、見えない泌尿器官や生殖器官の内部で起こりうることを本能的に把握し、警戒をする。

自分でも直感的にしか把握しきれないところへ、他人が棒状のものを入れることに、乱暴さを想像したことがない「過程」の当事者はこの世にいないだろう。自分の尿の飛沫が不潔感の対象になるとき、「発動」の当事者が性器を2つの目的のために使うのを、自分の性器に対する不潔の原因と思う。その不潔感に、「あたかも自分が大事にされない」または「納得がいかない」何かが潜むことを知る。ものにはそれ専用の道具がある。親は「過程」の当事者に文化的教養を与え、大事に育ててきた。娘は専用の道具と儀式を備える生活美を、伝統的に受け継いできた。それを敢えて破ることがあるぞ、と承知させるべく自然が用意している何かが、性的接合をするときの「0」地点を越えた向こうの「発動」の当事者の外性器にはある。

外陰部とその奥の膣は、「自分の体」に「男性」が入ってくる場所だと認識し、接合の成就を意識するときでも、ロマンチックである「発動」の当事者から、遠いところに「女性」はいる。「発動」の当事者は早急に放出を済ませるが、受ける「過程」の当事者は、特化されたその器官を体に通し、放出物を受ける空間を用意する。「大事にされない」とはそれまでと同じでは成らないぞ、接合行為と生殖は、一筋縄ではいかないぞ、ひいては寛容にならなければ、自分の一生を生きるに容易ならざるぞという逆説的警告のメッセージともとれる。

性から離れてみても、外界に存在する異物を、自分の腹部「10」センチメートルまで入れて、それでも生きているということは乱暴なことだ。入れる物が金属であったり、入れ方に悪意があれば、死にいたるといっても過言ではあるまい。

恋する「過程」の当事者は、それを転換する。生殖器を外にもたざるをえない生命として、「発動」の当事者がおかれている本質に自然の乱暴さを直観する。

生殖器には生殖器の言い分がある。物語が「0」になるとき、社会的人間も、生命の語る生殖に満たされる。保管するときは丁寧に、送り出すときは乱暴に。「発動」の当事者の生殖器の露呈は、地点「0」にあって、衣服を脱ぎ相手を称賛するだけでは足りず、大事にされるべき生命の活動のために、社会的地位を自ら脱ぎ捨てなければならないことを示す。

糞尿を「汚い」ものとし、出産を「おめでたい」とするとらえかたは、衛生の概念が入ってきてからのものだ。ひと昔前まで日本では、人の糞尿は「金肥」であり、出産は「穢れ」であった。尿の成分は現在でも完全に把握されていない。尿を飲んで絶食をし、難病を治す民間療法もある。尿は腎臓で血液を濾過してつくられ、窒素化合物を排出し、体内の水分の調整を行う。

生殖器は有性生殖をする器官だ。尿も生殖子も、なまものであるのに変わりはない。改めて、図示された尿道口と膣口を見る。陰裂に、細菌に感染しやすい両者が切り離しがたく、まとめられているのがわかる。なぜ尿と赤ちゃんは同じ扱いなのか。

発生学的には、尿道と生殖器はともに同じ起源である。文字どおり内胚葉と外胚葉の間に発生する中胚葉を起源とする。内胚葉は、生物を捕食する消化管をつくり、その末端に肛門は位置する。外胚葉は、動物の外側にある表皮や、動く生物であるための神経をつくる。それに対して中胚葉は、循環系、筋肉、骨格、真皮をつくり、この尿道や生殖器もこれからつくられる。体にとって不要とされる便と尿のうち、肛門は、尿道や産道と起源が違うのがわかる。だが尿がなぜ産道と同じなのかは説明されない。

多くの魚類では肛門だけが独立し、尿と生殖子の放出口は同じである。魚類の尿は「しっぱなし」であり、卵や精子は海水もしくは淡水の中に放出される。水中で生活をするのであればそれで問題はなかった。哺乳類であるヒトは、海から陸に上陸した動物である。陸上には、尿を排泄した後体や地面を洗い流す水が、常にあるわけではない。「しっぱなし」では自分の居場所や卵の在処を、敵に知らせ歩くことになる。

発生学者の三木成夫は、脊椎動物の卵を、水生卵と陸生卵、着生卵に3分類した。体の中の袋に卵をおさめてしまったのが着生卵だ。これによるとヒトは着生卵種である。水生卵や陸生卵と違って、着生卵は目で見る機会がない。それは着生卵種の生存戦略が、卵を秘匿することにあるからだ。尿道やミュラー管の途中にできた器官に内容物を溜めて、排出を膀胱のようにコントロールする。

陸上の動物社会には、自分の所在をわざと主張する側面がある。グループのメンバーが食べていけるだけの領域を確保し、ほかのグループとの境界を決めるためだ。ほかの種のみならず同じ種の、ほかのグループとの生存競争も厳しい。そのため生殖権はボスが握る。力の強いオスが、グループ内の全メスおよび境界の地面に、自分のみが主体的行為者であると「マーキング」をする。ここでは尿の排泄と精子の放出、さらに食の確保が一致する。人間社会も一皮むけば、同じ構図が当てはまる。ヒトは文化的な生活を送るはずではなかったのか。

生命は出る、出ずにはいられない。「なまもの」であるからだ。精子の放出しかり。卵子の噴出しかり。胎児の産出しかり。早急にとは穏やかではない。乱暴であるのに、完璧に受け渡さなければ生命はつながらない。

生命は水の中にあり、生殖の輸送機構に水漏れがあってはならない。体内の水分をコントロールすることは生命体の維持にかかわる。生命が水の中にあるべく制御することは、発生以来の生命のあり方を維持することでもある。尿と生殖がひとくくりにされる理由はここにある。これによって尿と個体発生は関係づけられた。個体がとり入れた水分は、呼気、汗および尿によって体外に出される。

生命の声

精子は空気に晒されれば保たれない。胎児は羊水で成長する。尿も精液も卵も、個体の体から出ないかぎり個体の水分に守られ、環境の水に依存しなくて済む。生殖機構を維持するのと、体内の水分を確保することは、生命活動を一貫して流れる生理である。

膣で起きるものごとを通して、生命の語るところに耳を傾けてみよう。水を媒体として、生殖にかかわるものがここを通過する。細菌、尿の飛沫、おりもの、男性生殖器、精子、精液に性液、月経の血、死亡した精子や卵子の変成物、羊水、赤子、後産など、すべてここに会する。

膣口には筋肉がないと前に述べた。尿道口と膣口をくくる小陰唇には、細菌の侵入を防ぐ能力はない。膣口にいかなる圧がかかるのか。

小陰唇は、「発動」の当事者の外性器を包む皮膚に、解剖学的に相同する。大陰唇は陰嚢の皮膚に相同する。亀頭に該当する「過程」の当事者の陰核は、陰核海綿体で形成される。陰核海綿体には陰茎海綿体ほど厚い白膜はない。「発動」の当事者では尿道海綿体が亀頭を形成するが、「過程」の当事者では尿道海綿体は、2本に分かれ、茄子形をつくる。この尿道海綿体を覆うのが、頭から2枚に分かれる、漢字の「入」字型の陰核海綿体である。2つの海綿体は充血するにともない、陰核が勃起し、対手の恥骨を含む下腹部に押され、陰核脚部分の「入」字が上下する。血液が充満して開いた陰核は、別名陰梃という。「てこ」である。勃起した外性器を圧迫する海綿体は、大陰唇の内部にあると前に述べた。「入」字に開いた部分の体表は、会陰といわれ、ここで大陰唇と小陰唇が出会う。会陰は出産時に胎児の頭が通るほどに伸びる。海綿体はスポンジにたとえられるようにこれが外皮下にあることによって内生殖器は守られる。守られるということは、外から触れても中の様子を知覚しにくいことを意味する。陰核海綿体と一体をなす尿道海綿体は、その中ほどで尿道を、茄子形の下膨れ部分で膣を挟む。

大陰唇が隆起することによって尿道と膣の両開口部は、陰裂の中で外側に押し出される。尿道は尿道口の直前まで、膣の外壁に密着し、伸縮性に富み、通常は星形に閉じている。膣口の下に、男性のカウパー腺に相同するバルトリン腺が、左右に1個ずつあり、弱アルカリ性の粘液を分泌する。膣外射精を行う「0」地点が陰裂であるとき、陰裂を、水を受ける船にたとえうる。そのとき精子は、「発動」の当事者の腺液からその船の中で、「過程」の当事者の環境へ引き渡される。「0」地点から卵子までは「27」センチメートルある。30センチメートル定規1本より若干短いだけだ。この長さの臓器から、菌を排除しうるほどの圧は出入り口にはない。

「0」から「10」の区間で精子を放出するのが、膣内射精である。膣は内と外の中間部分である。射精後、最速5分で卵管に着いたケースがある。精子を受け入れる環境から菌を排除する有効な手段は、菌がすめないほどの酸性に保つことである。放出された精子は山あり谷ありの道を、精液の流力に加えて、女性生殖器の助けを得て、移動する。管状組織である膣も、体液を分泌し、収縮して蠕動運動を起こす。膣は海綿体によって狭められ、増大した水深を得て、精子は奥へと運ばれる。

子宮が収縮するのは、Gスポットという性感帯が刺激されることによる。陰裂には尿道口の下、左右2カ所に、スキーン腺の導管が開いているとされるが個体差があって、消失する場合もある。女性のスキーン腺は男性の前立腺に相同し、膣からなら触れることができる。膣が収縮し子宮も収縮するとき、「逆くの字」の上半分は立ち上がり、逆「く」の屈折角度が開く。

膣の水分は、粘度の大きい精液の潤滑油となる。粘性の残る精液は、放出直後で1・5ミリリットルから6ミリリットルという。1億から4億の精子が、これだけの体積の中に含まれる。計量スプーン（小）は、5ミリリットルである。小さじ1杯に1パーセントを占める精子は、半数は動かず、正常形態をしているものも4パーセントに満たない。精液のpHは7・2から8・0である。膣分泌液は3・8から4・5の弱酸性であり、精子の生存を脅かす。酸性に弱い精子は、前立腺液や精嚢液によって保護され、全体では弱酸性もしくは中性を示す。膣は外性器に刺激を受けて、分泌液の量を増加する。膣分泌液のpHは月経や病気、食事、性的高揚などによって変動する。

人と生殖子の別れ道

子宮口が開いているときのメスのにおいを、嗅覚の後退したヒトのオスはとらえにくい。人間は物語を紡ぎ、子宮口の開閉に束縛されることなく生殖子を放出する。物語は勃起への感受性を高め、「発動」の当事者の意思は不帰点にいたる直前まで精子の放出を制御する。「過程」の当事者は、妊娠に対する「無関心を獲得」し、月経の日数などから排卵する日に見当をつけ、生殖子の無駄を承知で接合する。人間性は生殖行為の随意性を意味し、性行為を文化と化す。その結果ヒトの性欲は、自然環境との関係を喪失する傾向があり、一年を通していつでも、生殖をすることが可能になった。

ヒトのメスは、年に12回を目処に、生殖子の排出をする生理を備える。卵胞ロケットに卵子を載せるには、月の周期に合わせるくらいの期間がちょうどいいのか、子宮口は月に1回、排卵の前日もしくは2日前に開く。開いているのは3日か4日である。つまり精子の通路が確保される日数は、年間36日から48日だけであり、1年の10分の1である。10日のうち9日は開いていない。精巣上体から旅立つ時点で、精子には1日から3日ある。精子群が卵管に達するのに要する時間のピークは、射精後45分である。この時間を長いとするか、短いとするか。

通常時の子宮腔は、10から50ミリリットルの容量である。精液の最大量が子宮腔に注入されても、許容量は2倍から10倍はある。精液の35パーセントは膣液と混じり合い、膣から出ていく。フローバックの残り50パーセントの精液の中の精子は膣で死亡する。残りの15パーセントは、子宮口が開いていれば、子宮への進入を許される。子宮口が開いていないときは、死ぬか外に出るかを迫られる。精子が放出され、「過程」の当事者が妊娠を願うとき、生殖器には予定外の「ホルモンの嵐」を引き起こすメカニズムが備わっているようだ。排卵が性交渉によって誘引され、子宮口が開門されたとしか考えられないケースがある。

地点「10」の子宮口の周辺では、子宮壁は、およそ4センチメートルの厚さがある。精液は、吹き付け工法さながら、子宮口や膣壁に叩きつけられる。粘度の大きい物質が、粘度の小さい物質に投入される。高粘度液の勢いは膣分泌液を飛散させる。液塊の外縁にいる精子は、自らの一生を終えつつ、性液の性質に変化をもたらすと考えられる。動けない精子群は防壁となり、運動能を有する精子群はクッションを得て、低粘度液に載る。精子の欲する行き先は、膣ではない。もっと奥である。生殖器の進入角と放出位置が完璧であることを願い、「発動」の当事者は子宮口に別れを告げ去る。

4センチメートル厚の子宮壁には、子宮頸管が通る。子宮は本来2本の管が融合したものであり、頸管はその遺跡である。頸管部には筋肉があり、物理的に閉じられる。子宮側の口ではゼリー状の粘液が蓋をし、細菌が入るのを防ぐ。卵胞がエストラジオールを分泌することによって、子宮頸管粘液にアルカリ性分が加わる。0・3ミリリットルくらい量は増加し、粘稠度は小さくなり、精子にとって、通過しやすくなる。先述した羊歯の葉状の結晶をつくる粘液がこれだ。この頸管内と膣のみ、精子は「泳ぐ」。

子宮は収縮することによって、開口したとき粘度のある液塊を、子宮頸管から吸引する。管内径は5ミリメートルで、頸管の容積は0・785ミリリットルになる。精液の量が5ミリリットルであるとき、容積は精液量の15・7パーセントであり、子宮頸管には精液が充分に満ちる。充満した液は子宮内へ送られる。

頸管内膜には海藻の林のような絨毛がある。絨毛間を満たす液体には流れが生じ、林間を60マイクロメートルの精子が泳ぎ抜ける。その様子を拡大してみてみよう。精子を1000倍の6センチメートル、5ミリリットルも1000倍にして5リットルにする。頸管の直径5ミリメートルは5メートルになり、4センチメートルの頸管の長さは40メートルになる。オリンピックプールの5分の4の距離で、幅は2車線の道路というトンネルを、6センチメートルの頭部の付いた繊維が泳ぐ。

180センチメートルの人が6センチメートルになるには、30分の1にならないといけない。逆に泳ぐ距離を30倍したら、40メートルは1200メートルになる。幅5メートルは150メートルになり、スエズ運河より狭く、非計器着陸滑走路くらいある。遠泳の達人が海を1200メートル泳ぐとき、1時間、潮流にうまく乗って30分かかる。

5ミリリットル中の繊維1億本から4億本は、運動率が40パーセント、正常形態率はその10分の1、最高に見積もって1600万本が、頸管に突入する。直径150メートル、長さ1200メートルのトンネル入口に選手が押し寄せるわけだ。

頸管を泳ぎきるのは1パーセントという。1200メートルを泳ぎきる遠泳の選手の数が、世界の大国の人口から、四国一島の人口数になる。1億なら100万、4億なら400万。スタート時点で100万人から400万人の参加者がいるのは有望である。卵子へ行き着く精子は、数百個である。

向こうの世界

なまものが通過する膣を経て、子宮へ精子の進入を許す。用意されたものだけを活用し、卵子の元に身をおくという目的にのみ、純粋になれるという条件のもとに。

——国境の長いトンネルを抜けると、そこはもう子宮であった。

武道の真髄である呼吸法において、丹田に気を溜める。「発動」の当事者の生殖器は、内性器および外性器がともに骨格の外にあり、丹田には「ない」。「過程」の当事者の生殖器は、丹田に「ある」。呼吸法からみて、精子を「過程」の当事者に輸送する「発動」の当事者とは、生殖子を陰嚢から膀胱のある丹田まで上げて、そこに溜まっている気を精子に纏《まと》わせ、丹田の気もろとも、「過程」の当事者の丹田に送る構造とみる。

「発動」の当事者が与えるエネルギーは個体の代謝に利用されているかもしれない。膣壁において物質を消化するには、細胞のATPエネルギー消費を必要とする。「おさめかまいじょう」という性技指南書によると、遊女は性的興奮を抑えたうえで、膣奥で放出された精液の濃厚な部分だけを吸い上げれば、体が丈夫になり精も得ると書かれている。

蟷螂《かまきり》のオスの射精もメスの栄養になるが、メスは交尾中にオスを食べる。交尾期の栄養の違いは、卵の数に現れ、オスを食べたメスは88個を産み、オスを食べないメスは35個のみである。精液は出産に必要とされるアミノ酸の25パーセントにしかならず、成体は90パーセントという吸収率で代謝され、栄養の63パーセントに達する。

「過程」の当事者の個体の中で、億単位の精子が死んでも、「発動」の当事者は精子群の死を認識しない。フローバックで外に出る精子は知られていても、死んで「過程」の当事者に吸収されるということはよく知られていない。だが「発動」の当事者は、億単位のこの行為を、1日に限りなく繰り返すとき、自分の生命に危険を及ぼす。

加速する物体は摩擦を起こし、電気を生じる。相手の体につながった管は流体を送ると同時に、目に見えない電気も送る。気を送る側、気を受ける側がもっとも気を必要とする自然の現場へ、気を送る営みが生殖行為なのだともいえる。膣を経て、出会いの場へと「発動」をかける気。個体の全生命をかけ、生体の内へ送る気。外から送られた気を受け、生殖器から成体全体に向けて送られる気。「過程」をこれから始めるという気。

「発動」の当事者の精液は、「過程」の当事者が生命を育てる母乳同様、精嚢液や前立腺液に加えて、「タンパク質」化する精子とともに「白い血液」となるのである。精液が「過程」の当事者に吸収される証拠がある。精子アレルギーという症状である。膣内に精液が放出されて、分解されたタンパク質の破片が、個体の血液に入って問題を起こす。精液由来のタンパク質に抗体がつくられ、下腹部に赤みや腫れ、痛み、かゆみ、灼熱感などを生じる。それどころかDNAが、「過程」の当事者の体細胞の領域で、再生産されていることが最近になってわかってきた。死んだ生殖子を通して、「発動」の当事者の染色体情報が、体細胞組織に記憶される。

「過程」の当事者の中で死ぬ精子のみならず、外性器は、包皮粘膜や皮膚の細胞も残す。細胞ひとつあれば、法医学的に人物を判定することが可能だ。生殖器を知るのは生殖器なのだ。外性器の大きさや形は目でとらえられるが、外性器の運動や固さは膣を通して把握する。剥離した皮膚細胞や生殖子は生殖器を通して見極める。子宮口が閉じる9日間の膣は、精液を消化する胃袋のようだ。生殖子接合については、生殖器独自の管理体制がある。知識をものにすることを「消化」というごとく、生殖器官は臨機応変な作業をする機構を備える。単にそれを、われわれ人間が知らないだけなのかもしれない。

門が開いていないのを承知で、生殖子を放出して、受け入れることを繰り返す無駄なヒトの行為は、単に死んだ精子と精液の廃棄を請け負うことではない。外からやってくる外性器を受ける生殖器は、そこに起こるすべてを知っているのかもしれない。強化された性欲と精液をとおして、接合相手を判別し、個体の健康状態や精神状態までも把握する。「発動」の気は精子を擁する丹田から発せられた。気を受ける丹田では、データに加えて気を遣って、精子の行き先を決めるところから「過程」が始まるのではないか。つまり「過程」の可否を決するのは「過程」を担う生殖器およびその成体なのだ。

膣壁をなす体細胞は死んだ精子の処理をしながら、生殖子群の特徴を、文字どおり体得する。異なる人の精漿に、「この精子には強酸性」「この精子には酸性度を低くする」と、受ける側の感情に生理条件を摺り合わせる。「同じ人の精子なのに今日は調子が悪い、受精は無理」と健康判断をもする。今日の精子では受精させない、この精子こそは、わが生殖器官、わが魂が待っていたものであると。

「過程」の当事者の体内に入るあらゆる異物は、まず「抹殺する」対象に認識される。血はなまものであり、なまものは腐敗することを熟知する。菌が膣内にあるという認識は身に刻まれ、傷のあるところに侵入する菌はすべて阻止されるべきである。認識という言葉が「きれい」なら、細菌がそれ以上侵入しないことを「過程」の当事者の体は「欲する」。だから精子の存在は許されない。精子が精子として存続し続けることはない。受精しない精子は体内へ変成吸収される。受精した精子だけ、卵子と一緒に、生きて「出ていく」。

卵子も同じである。排卵された卵子は、卵子として、体に存続することは許されない。受精しない卵子は、個体体内へと変成吸収される。月に一度出血するほどの傷がひらく舞台に「いる」ことが許されるのは、着床する受精卵だけである。受精した「卵子」は、自分の卵子を外界で生存させることができるようになって、はじめて「出ていく」ことができる。そのように体はなっている。

竜宮とはよくいったものである。子宮では、もう精子は泳がない。動きたるものにのみ、異世界への方向が示される。泳ぎ終えた遠泳の選手たちは、毎分3ミリメートルという速度で導かれる。子宮前壁側で頸管を出た後、卵管まで3センチメートルである。直腸側の子宮後壁で、5から6センチメートル。子宮前壁なら10分で卵管口にいたる。

子宮はあくまでもソフトに、精子を運ぶ。精子が卵子に達する時間のピークは45分であった。管と同じ蠕動運動と、絨毛細胞の動きに耐え抜いた選手のみが生き残る。空間を移動するにつれ、仲間の数は減る。それとは反対に、ソフトな世界をつくる周りの突起物は増えていく。精子の尾部を生殖器官の内壁に埋めれば、そのまま絨毛になるようではないか。60マイクロメートルという、繊細な剥き出しの生きものを、上に載せて滑らせる絨毛の役割を果たす仲間が必要だった。精細管の壁から生まれた精子細胞が、輸送過程においては、管の内壁の絨毛の役割を果たす。視覚も聴覚もない精子は、精嚢液と合流した射精管から、子宮にいたるまでの間に、子宮で自分の身を守るセメノゲリンという物質を獲得する。それを獲得したものだけが、子宮の「接待」を生き抜き、受精能を開発する。男性の個体の中で精子が大群で死ぬのは、見方を変えたとき生殖子をつくる構造と、生殖子を送る構造の両方に関係するからだ。成体のホメオスタシス機能と連絡しながら、生殖子の鮮度が保たれ、個体中の物質のリサイクルを促す一方で、流線形の物質的流れに機能を発揮するデザインが施される。

実際、子宮は、殺精子因子を分泌する。最終的に「1」個しか求めぬなら一気に片をつけるのか、それらは白血球に食べられる。膣を経て子宮頸管を通過するとき、億単位だった精子は、その100分の1に減り、子宮腔にいる間には、1万分の1に減る。卵管において数百分の1になる。

子宮の2カ所ある卵管口のどちらに卵子がいるか、把握していないとすれば、精子を2方向に誘導することになる。そのようなことが毎月行われているとは考えにくいが、もしそうだとしたら精子は、ここでも2分の1の確率で決定される。

卵子の死を迎えた「過程」の当事者は、性器からの出血をみて、排卵後受精しなかったことを知る。それを卵子がまた死んだ、と意識するよりは、排卵によって体調が変化するのをいとい、体内の血を「洗い流す」契機が訪れたと喜ぶ。性行為を経ていれば、妊娠をしなかったと安心する。卵子が子宮で赤子にならないとき、成体の外見に変化は現れない。

暗闇の彩光色

腹腔に放出された卵子は、暗黒の中を移動しながら、自分のありかを周囲に知らせる。顆粒膜細胞群からエストロゲンを発するのである。卵管の先端にある卵管采はこれを受けて、卵子をつかまえる。卵管采はその口を子宮内に開く。同時に子宮頸管の粘液栓は変質する。子宮は卵管采で卵子の所在を把握し、子宮内口の蓋を開け、精子を通過させる。いま子宮は精子を、どちらの卵管口に導くかを知る。子宮に開く3つの口の子宮底側2つには卵子が、子宮頸側の1つには精子が向かう。両性の生殖子は子宮に向かう。

卵管口に物理的な蓋はない。1、2ミリメートルの口が開いているのみで、子宮口の5分の1から5分の2の幅しかない。それでも四国100万人の人口から、1学年2クラスの小学校並みの、300から500になった精子には、十分な広さである。卵子とランデブーを果たした帰りにも通り抜けられる。

卵管の先は膨大部になり、そこは内径7から8ミリメートルになる。卵管の蠕動に上皮の運動も加わって、1時間から2時間をかけて、精子は卵管内の暗闇を運ばれる。卵管はおよそ10センチメートルあり、180センチメートルの人が30キロメートルを時速30キロメートルもしくは15キロメートルで走る計算になる。

6センチメートルに拡大した精子にとって、卵子の大きさは20センチメートルだ。卵子を守る無数の細胞の姿がある。それらの異様な外見はいかんとも表現しがたい。自分は流線形をした装いで、同じ生殖子とは思えない。内部に秘めた単細胞への近寄りがたさが突き刺さる。触れがたさは、離れがたさである。この生命体への近づきがたさは「過程」の当事者へのそれと重なる。

眼前の「1」個の卵子は、精子を受け入れるべくある、数時間のうちならば。ここそ「27」の地点である。多細胞生物となるか、高分子化合物となるか。精子が「精子」として存在する最後の地点。「1億」は「0」が「無」くなったら「1」、「1」が「無」くなったら「8」個の「0」の横並び。卵子同様、億単位から唯一の存在になるか。ひとつの「1」のままでいるか融合による「1」になるかだ。たかが「1」されど「1」。生命は単なる「1」から始まるのだ。

精子は頭部原形質に係留されている酵素を放ち、卵子の放線冠のヒアルロン酸を溶かす。放線冠を除けたのち、卵子の顆粒膜細胞下の透明帯に触れ、こんどは先体に備わる酵素を用いて、透明帯を抜ける。卵黄周囲間腔を越えて卵黄に入り、先体は融解される。

卵子と精子がひとつになり、個別に存在していた生殖エネルギーは合流する。生命発生という、エネルギー同士の衝突である。卵子細胞と精子はカルシウム原子を「1」個ずつもつ。受精卵にカルシウム波が走る。

暗黒の卵管内に彩光色が灯る。

人と一緒に見たい光がある。そこにあれと願い、いま、「完成」の当事者が居始る。

そこに発する光を、「過程」の当事者の体細胞群は吸収する。この光は弱すぎるわけでも、可視光線以外の波長でもない。人の体の、とあるところで発光するゆえに、目という受容器はこの光をとらえない。それなのにこの瞬間がわかるという「過程」の当事者がいる。

それまで「2」個だった生殖子が「1」個の受精卵に変わり、子宮は、着床への準備を始める。精子の輸送時に、子宮が異物を排除するのは、受精卵が生命をスタートするための清めの前準備でもある。

運動をし、輸送されてきた精子は、ここでエネルギーを放出することによって安定化する。第2の眠りについていた卵子は、精子から生体エネルギーを受けて、目を覚ます。卵子の減数分裂は再開され、染色体の一方を極体とし、元の極体と一緒に細胞の原形質から外に出す。されば観察者は、卵子が受精したとする。原形質は、融解する先体から内容物を迎え、女性前核と男性前核を相対させ、融合をさせる。「27」地点における「発動」の当事者の生殖子には、完成が似合う。完成の姿には、後に尾部すら残さぬ潔さがある。卵黄の表面に、ほかの精子を排除するための卵黄膜が形成される。「発動」は、無事に為されたのである。

未完のまま眠る卵子に、起こしにやってくるものがある。起こしにやってくるものがない、「過程」を受けもつ生殖子は、分裂を再開できないまま死ぬ。減数分裂を完了するために、目を覚ます。卵子の減数分裂は、眠りん坊のやり残しである。減数分裂を完了させせ

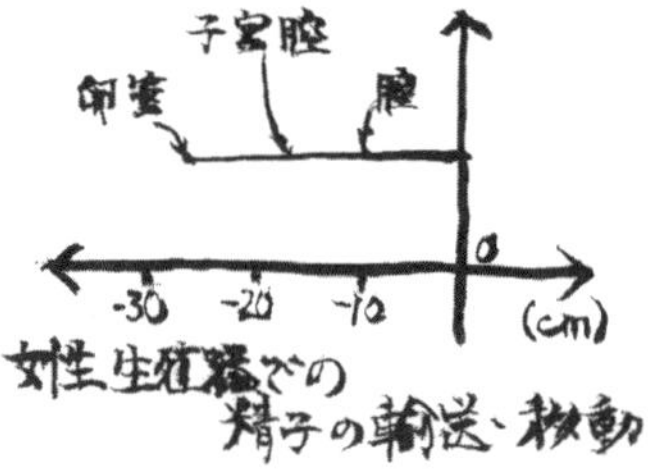
子宮腔
卵管
膣
0
-30
-20
-10
(cm)
女性生殖器での
精子の輸送、移動

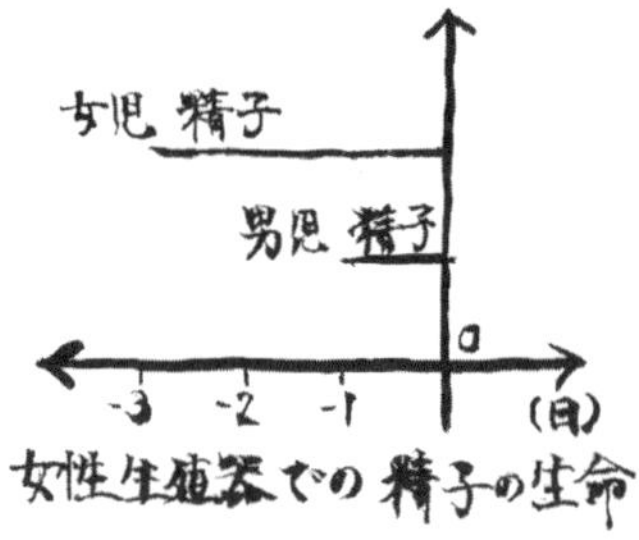
女児 精子
男児 精子
0
-3
-2
-1
(日)
女性生殖器での精子の生命

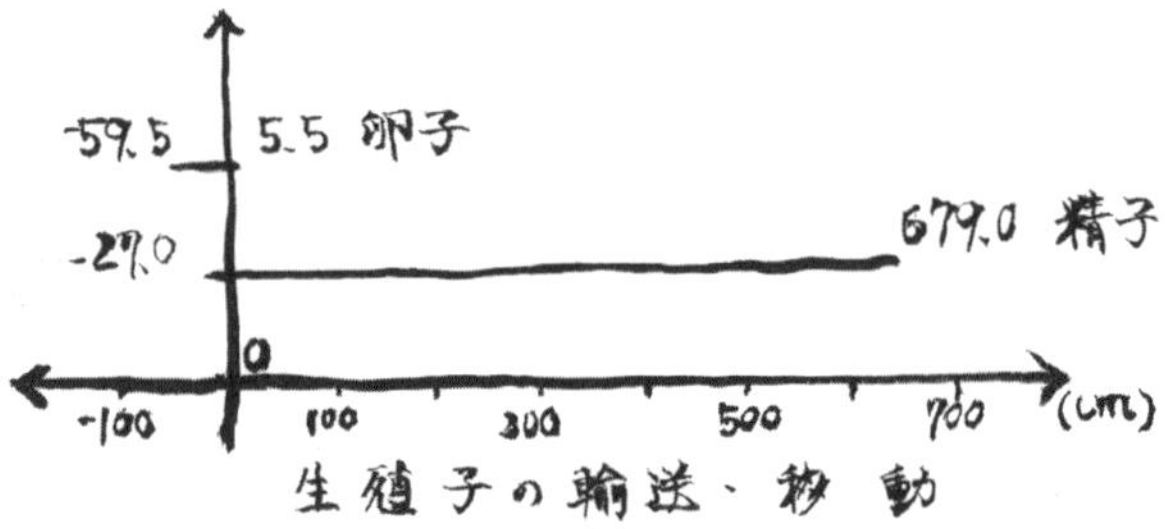
-59.5
5.5 卵子
-27.0
679.0 精子
0
-100
100
300
500
700
(cm)
生殖子の輸送、移動

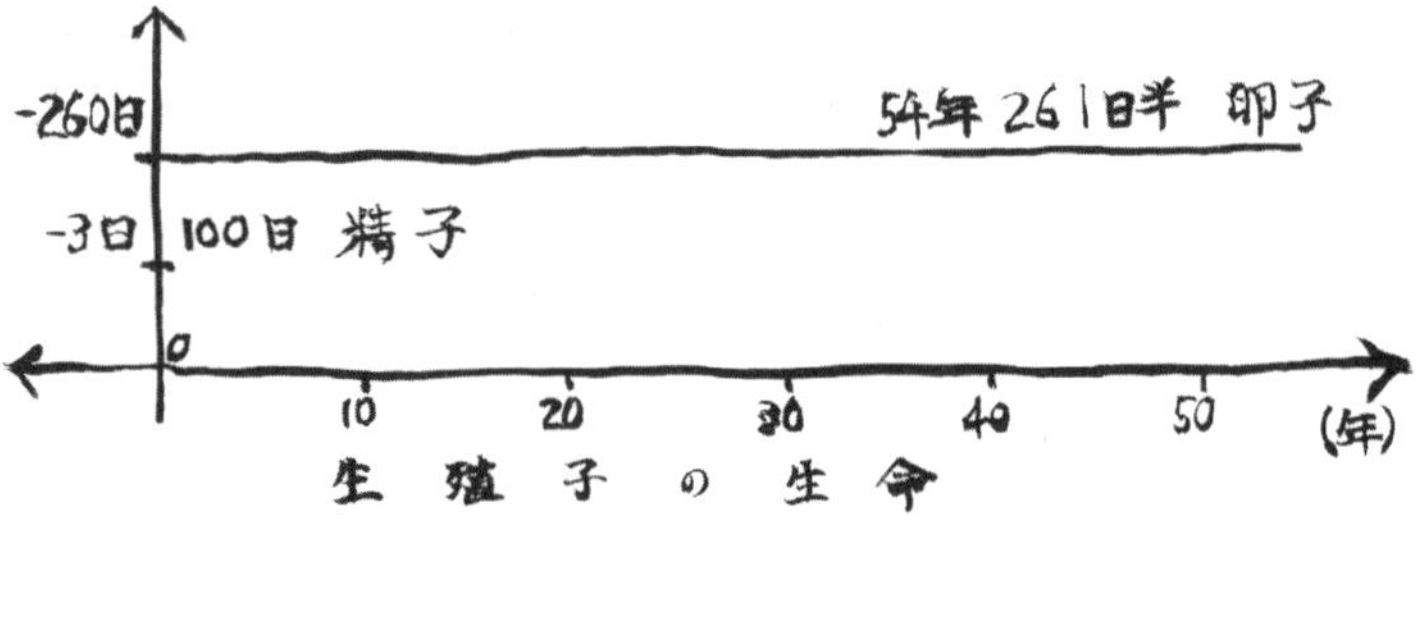
-260日
54年261日半 卵子
-3日
100日 精子
0
10
20
30
40
50
(年)
生殖子の生命

てやってくる「発動」の子《し》を得て、未完を貫く能と成る。目を覚ます卵子は、卵子のまま、受精卵に移行する。減数分裂の過程の途中で、精子と受精という変態を起こすのだ。眠ってばかりいた卵子。受精後に起きて活動を始める卵子の姿。維持し続けた細胞が2Nの核相に戻ったとき、有糸細胞分裂を始める。第三者の融合をまって、情報記憶体としての自分と、原形質を稼働する自分とで、生命の想定どおり体細胞分裂を開始する。

分裂未完の卵子の姿は、「完成」の当事者の姿なのである。

「過程」の当事者の生殖器における、精子の動きおよび生命を数直線にする。但し他人の生殖器内の生活であるため、マイナスで扱う。そのうえで、前項でみた「発動」の当事者の体内にある、精子の生活と生命の数直線と継ぎ合わせる。生殖子の輸送・移動の日数単位を年の単位に改め、生殖子の生命の図にまとめた。卵子も、胎児が母体の胎内にある期間はマイナスで扱う。

二．「完成」の当事者

融合の場

卵巣から噴出された卵子は、浮遊したまま受精をする。それからおよそ5日をかけて、着床地点に移動する。その間卵は漂っている。排卵から数えて6日から7日の約144時間、卵管を転がっているだけの受精卵は、眼球のようである。精子によって放線冠を分解され透明膜を残すのみになった元卵子は、その膜の中から、漂う粘液の海を睨む。この数日間で決せられる一生を海の向こうに見やる。

再三いうが、卵胞は卵子を排卵した成体がまだ胎生16週のころ、1層の膜として、卵子に発現する。それ以来、眠る卵子の世話をしてきた。卵子が卵巣から噴出するまで、その成長に合わせて自らが変身をする。1年は個体と卵子の間に立って、生殖子の一連の継続機構を整える。目的完遂のためライバルの卵子を蹴落とすスパイ的情報戦もいとわない。

仲間を死に追いやり姉妹に手をかける卵子は、受精すればこその存在でしかない。卵巣の噴火口内に残った卵胞は、自分の分身から信号を受けるのを待つ。受精相手の情報が膣から届いても安心はしない。受精をしない卵子が眠ったまま死ぬのは心得ている。

通信が途絶えたあと、成体からの応答を待つ。不通のまま10日が過つとき、卵胞は着床が成らなかったことを覚る。成体に自分の死を通知し、子宮にも増殖した内膜を自死させる。それを受け視床下部では次なる卵胞に向けて、ＧｎＲＨを分泌する。

合図は新しい命が子宮膜へ手を伸ばすときだ。殻である卵胞は、精子をともなったわが卵子を、子宮に結ぶ。卵子の誕生から成体の誕生、排卵まで3度も、関門をともにした卵胞の祈りが受けとめられるとき、卵巣の中に勝ち鬨が上がる。排出し終えた卵胞は、黄体となって妊娠最後の２６６日まで、受精卵の生長を見守る。個体が胎児を送り出した暁に、卵巣に残った卵胞は役割を終え息絶える。殻となって胎盤を築いた方の卵胞は、後産として成体から出る。

卵胞から噴出された１Ｎ卵子は、海に落ち、もくずと消えることがなければイソギンチャクに拾われ、生殖器の中に戻る。数百の精子にとり囲まれつつ目を覚ましたとき、すでに卵管の波に身を委ねている。細胞の体に相当する原形質は、恐る恐る分裂を実行する。生殖器の中の浮遊体である間に、受精卵人生で、最初の試練が訪れる。結婚式場に新婦および新郎が並ぶ式さながら、２Ｎとなる宣言をするのが先である。１Ｎと１Ｎの核融合を果たし、細胞37兆個、その7割の26兆個は赤血球という、一人前の人体になれるか。他人であった1Nと、自分の1Nの相性を確かめ、1Nと1Nをとりまとめる。2Nになってはじめて、人から栄養をもらい、人生の旅に出ることができる。体細胞分裂は、DNAの融合が秩序だてられた後の話である。

減数分裂が完全に止まることは、卵子にとって生命の終わりである。染色体のみが生命の主体ではない。卵子には、精子を引き受けたうえで、生命活動を再開するための、原形質がなければいけない。精子のところでは、精子が数カ月をかけて、精細胞から原形質を変質させるのを、なんの疑問をもたずにみてきた。

ウイルスは、原形質のない生物であり、そのDNAで寄宿主細胞の原形質中の小器官を采配する能があるが、自分の生命を他人の生命活動に依存する。原形質を備えた細胞を「1」とするとき、個体をなす健全な生命活動は、「1」+「1」=「2」となる。ほかの細胞個体の生命活動に依存しない。個体から放たれた生殖子が個体となるには、生きてあるという意味で、生殖子は、「細胞」である必要がある。

1NのDNAをもって生きている細胞「2」個が2Nに融合するとき、細胞原形質は、「2」個は不要である。生命現象は「1+1=1」である。「1」の生殖細胞同士は競合する。

原形質が存在しない染色体同士の単位を「0」とするとき、「0＋0＝0」となる。計算上「0」の、2NのDNAは、外界から素材を集めて、細胞を一から形成するとする。しかし「無」から、「1」個の細胞をつくり上げる年月および材料管理に要するエネルギーは不経済である。

以上から「1＋1＝1」の式は1＋「1」＝「1」と書き換えられる。融合する細胞のひとつが「1」個であるときに、はじめて生命経済性が成り立つ。DNAの出会う場としての原形質を、どちらかが提供するのである。「2」個の1NDNAのうち「1」個が原形質を提供し、1個の生殖子はその原形質を共有する。いままでは出産「過程」の現場である卵は「過程」の当事者に属する、だから卵細胞の原形質は「過程」の当事者に由来する、と読んできた。

だがわれわれは原形質を提供する側を卵と呼び、原形質を退化させる側を精子と呼ぶ。卵は染色体の接合後も引きつづいて原形質を維持する。原形質を引き継ぐ細胞の形成を引き受けるばかりに、卵細胞は、女児胎児という生命経済体を必要とする。その生命の営みが「過程」を進行させ、片方の生殖子の原形質を退化させる。

2NのDNAを備える生命には、原形質を提供する側と、原形質を細胞から退化させる側とが存在するのである。卵細胞のDNAが、卵細胞に備わる原形質を必要とするのと、精子のＤＮＡが、卵細胞の原形質を必要とするのは、同じなのである。われわれはこれから原形質を提供する側を女性と呼び、原形質を退化させる側を男性と呼ぶことが、可能であるか検討をする。

排卵の噴出が、人の盲点であるのは前に述べた。両方の生殖子はほぼ同時に、会合の場である子宮への進入が許される。卵は丁寧に扱われるべきであるから、「丁寧に扱われるべき女性」の体の内にあるべきであり、容易に人の目に触れさせてはならない。だが事実として卵子は噴出される。噴出による危険は、精子の放出に危険がともなうのと同じである。生命の自立には、乱暴がともなう。自立は両方の性に公平に組み込まれている。乱暴に耐えた生殖子は、自己の性質において生命をかちとる。断絶こそは生命が上の世代から独立した唯一の生命として発生する、「過程」なのである。断絶は継続する過程の一部である。

「過程」としての断絶は続く。卵子が卵管に入って受精するのも、断絶下においてである。受精した卵子がＤＮＡの融合後、着床するまでは、もはや「２」個の断絶した生殖子ではなく、あらゆる支配を受けることのない、あらゆる生命に依存することのない、断絶を生きる受精卵なのである。「１」個の細胞から人になるなんて、分割卵にはおぼつかないようである。だがこの「１」個が成さないかぎり、人は成らない。ヒトが多細胞生物の頂点であろうと、細胞の組織化に畏敬の念を抱こうと、第一歩を間違えば、多細胞化も組織化もない。これらもろもろのことを受精卵は熟知する。

人間的な精神活動への伏線は、生まれる原点のここにあるのかもしれない。このときの受精卵が一細胞として自立し、なおかつ「人」組織と共生する状態は、これ以降の受精卵にも、人の生にも、二度と訪れることはない。受精卵は外観的に性を発現させていない単なる球体である。それにもかかわらず、受精卵には父母があり、しかも誰にも縛られずに、自立した生活を送る。個性を最大限に生きるためには、親から離れてひとり立つことが大事であるが、それは受精卵のこの時期の断絶を経ることによって自立を思い描くことが根本にあるのかもしれない。人間が自分の描くとおりに自分を導く目的とは何かという問いは、浮遊する受精卵を見返るほかに答えはないものなのかもしれない。

個体と生殖子、さらに個体と受精卵の間が断絶を経ているという事実は、公平に両性において、慎重に扱われていい。自然が生命の誕生に仕込んだ、断絶の仕組みを人は利用する。この7、8日間の浮遊期間があってこそ、代理母という商売は成立する。生殖子の立場からは「親を選んで生まれてくる」ことができるようになったのである。「過程」の当事者からみて他人の卵子でも、ヒトの受精卵であれば着床する。当然ながら他人の卵細胞に、他人の精子が受精した受精卵でも着床は可能である。「過程」の当事者からみれば精子は常に他人のものであるから。

多細胞化へ

原形質を退化させる性と提供する性のDNAが融合する2N体は、組織となりえるか試される。いかなるエネルギー循環にも属していない受精卵は、1回目の分割を、受精後30時間で終了する。2個に分割する卵細胞は、すでに多細胞生物である。多細胞の生命は、細胞同士でコミュニケーションをとり、役割を分担する。ほかの細胞と連携をする能は、端的にミトコンドリアに見られる。

ミトコンドリアの大きさは、0・5マイクロメートルである。体細胞には平均して300個から400個あり、筋肉や脳、腎臓などエネルギーを大量に消費する細胞には5000個ある。卵子はその50倍の、25万個がある。生命のプラントである原形質にはふつうの体細胞の800数十倍ある。いかに卵体であることがエネルギーを要するのかがわかる。

かつて独立した生命体であったミトコンドリアは、あるとき、ある単細胞に食われ、とりこまれた。ミトコンドリアは「私を消化するのは待て」と言った。「私はエネルギーを作り出すのがうまい。私を消化してエネルギーに変換してしまうのではなく、あなたが今後、他の細胞と組んで体を大きく複雑化するときに、必要とするエネルギーを私が提供しよう」

地球の生命史は、多細胞生物が発生する以前に、細胞同士の共生があったことを示す。生命は38億年前に発生して、やがて真核生物となり、真核生物が、ほかの生命との共生生活を始める。生命は共生を経験したのち、多細胞生物となる。

生命体が多細胞生活を始めたころ、性という現象が生命史上に登場する。性現象は、生命史の過去を一貫して支配してきたのではない。融合したＤＮＡが分割を起こすには、生命体が発現してから30億年、ざっと8億年前くらいまで時をかけて、真核化、共生、多細胞化を経なければならなかった。固体発生はこの30億年を30時間に、圧縮して再現する。

いまヒト受精卵にミトコンドリアが共生するのは、多細胞化が起きる前の、細胞同士の営みの再現である。ミトコンドリアは、「ミトコンドリア」と、ヒトに呼ばれる以前の生物由来の、自前のＤＮＡを備えている。そのＤＮＡは、いま地上の生命体が共有するＤＮＡと異なる暗号を使う。それは塩基が１万７０００個あり、遺伝子は37個ある。内容は遺伝情報を翻訳する場と、酸素を使ってエネルギーをつくる機能とに限られている。ほかの機能に関する遺伝子は、共生する相手つまりヒトの遺伝子に組み込まれている。ヒトＤＮ

Aに転換した前ミトコンドリア遺伝子は、ヒトの細胞に寄生する歴史の中で、ヒトDNAへの移行に成功したものである。

ミトコンドリアの塩基1万7000個に対して、ヒトDNAは30億個ある。2Nの体細胞では約60億個あり、遺伝子機能を有する組み合わせは、2万数千個ある。ミトコンドリアは独立した自分のDNAで分裂と融合を繰り返すが、それに必要な物資は、ヒトから供給される。ミトコンドリアとヒトの関係は、ミトコンドリアがヒトにエネルギーを供するのと引き換えに、ヒトDNAが物資を翻訳したうえで、ミトコンドリアに供給する構造である。

ヒトは、体内における酸素という危険物質の取り扱いを、細菌由来の生物に外注したといえる。外注されたミトコンドリアは、細胞内に共存しつつ、単独で生活をしていたら絶滅したかもしれない、己の種を維持してきた。

受精をして、第1回目の分割が始動するまでの6時間から10時間というのは、換言すれば記憶体としてのDNA三者の時間なのである。球体の中は「三者が出会う場」として解すると、卵子DNAが媒体となって、精子DNAと、野生の生命種であるミトコンドリアDNAがお互いに要求するところのものを満たすべく、コミュニケーションをとる。ミトコンドリアは、ヒトに預ける、呼吸鎖複合体以外の機能が保証されなければ、2Nとなった精子DNAにNGを出す。ヒトDNAは原形質における活動に、協働するか試され、主体としての三者三様が「1」個の細胞の中で合致をみた形なのである。その調和の世界へ、生命体の主となる霊魂は降りてくる。

2回目以降の分割は1日1回以上の調子で発生し、1回につき24時間未満の時間配分となる。2回目、3回目と進むにつれ、分裂の足並みは乱れる。「行けそうだね」「君はこちらを担当して。僕たちはこれを担当するから」という相談が成立し、4回目以降は、それぞれの担当に沿った分裂に移行する。受精後4日目には4回の分裂が終わる。

細胞数が小さいときは循環系の血管がなくても、相互連絡は行き届くらしい。成体の体細胞約37兆のうちの26兆が赤血球であるとき、体をなす細胞は11兆にしかならない。赤血球はコミュニケーションに与するとするとき、その数から細胞間コミュニケーションに、生命体がいかにエネルギーを投入するか窺える。

5日目もまだ卵は浮遊する。外観は「1」個の球体だが、中は細胞が分割した詰まった状態になり、これを桑実胚という。中に空間が生じ、これを胞胚腔という。このころすでに、始原生殖細胞の前駆体は発現している。

航海に出たころ、卵子は浮き沈みする眼球のように、粘液の海を睨み、その先に横たわる自分の一生を観ていた。生命を生んだ海に漂い、成体から生命を託された自分が、生まれようとしている。海に陸ができて、陸上の低湿地帯で脊椎動物が生活を始めたころを顧みる。山と大陸は海に対して、着眼する時間軸が異なるだけだ。カレドニア造山運動のときに、形はともかく、大陸の体積は現在のものに達した。カレドニア運動に続いてバリスカン造山運動が起きる。最後のアルプス造山運動のとき、地球は収縮し、年間を通して気候変動が生じ夏冬の季節ができる。この気候の変化に応じて、脊椎動物は卵を特別な衣に包む。

生命経済に基づいて変化してきた卵には、生命が海か陸のどちらで生きるかを決定した歴史が、刻まれている。魚類の卵は水生卵で柔らかい殻、鶏の卵は陸生卵で固い殻を有する。ヒトのように子宮があって、胎盤のある有胎盤類は、着生卵となり、水生卵同様の柔らかい卵殻に戻る。そうやって生まれるヒトの受精卵がいま上がるべき陸を見据える。

卵に用意されるエネルギー源では、それ以上の変態を遂げられないときがくる。それまでに子宮では、着床の準備が整えられる。木が地中に根を張るように、組織化にはエネルギーは必要である。成体につながることによって個体から得る。組織化を終えた生命体からエネルギーを補給されなければ、兆単位の細胞群を組織するエネルギーは生まれない。

胎盤は母親がつくって子どもに与えるものと、思いがちであるがそうではない。受精卵が主導してつくるものなのだ。

2N受精卵は浮遊することによって、生命体としての独立を表現する。単細胞である受精卵は自立し、いま、多細胞化するために、エネルギーを喰らう。親という個別の生命組織に手を伸ばし、栄養を自分に流すよう、根を伸ばす。それが子とはいえ可能なのは、自らの中に生命の一駒を、内包する事実による。受精卵であっても、生殖子の前駆体の発現という前提を、全うしない融合体は、別体の生命に着床を許されない。

個体からエネルギーを補給される態勢は、胎児からすれば、親という個体を纏うことである。胎盤は、木のような形をしており、木は地球をその根でつかみ、空を纏う。それは植物の王である。枝を張り、葉を広げて二酸化炭素を求め、自ら栄養をつくる。胎盤ははじめに根であり、次に枝である。その根で母体の血を吸い、枝を張り葉を広げ、酸素を吸い、そして二酸化炭素を吐く。胎盤を母体の外から透視するとき、丹田のやや上に幹が育ち、その根本に、わが主を育てる。胎児は動物になって生まれる前に、全存在をかけて木に依存する。木に相似する器官によって、母体を通して宇宙のエネルギーをつかむ。

卵巣を地球にたとえるとき、卵子は、地上に火山を形成する「地球の内容物」である。海に落ちた地球の内容物は、卵管采という、海に棲息するイソギンチャクに拾われる。精子は、初期に上陸を果たした「羊歯の葉」に似る結晶をつくる粘液に、子宮への進入を許され、受精卵は「広葉樹」に似た胎盤によって、個体に接続され、生殖器官である子宮を纏う。相似物が生殖の場につぎつぎと登場する。個体発生において、地球の生命史は雄弁なのである。

子ども

DNAといっても、遺伝子の融合機序の完遂だけでは生命にならないことを忘れてはいけない。受精卵が独立した生命を保つためには、DNAが融合する場と、それを営むエネルギー源であるミトコンドリアのDNAがあってはじめてなる。浮遊している間の受精卵ほど自立した時期は、人生に二度とこないだろうと前に書いた。生殖子が融合されて、生命を「完成」する当事者が性を発現させるとき、原形質を提供する側か、原形質を退化させる側かに二分される。情報であるDNAを、破壊の危険に曝すことなく受け渡すには、その物を何重にもその融合の場を厳重に、組織的に管理することが必要とされる。

「完成」の当事者としてみてきた、子どもが「発現」の当事者の性分と、「過程」の当事者の性分を融合させる「完成」者として本分を発揮するのは、受精卵である一瞬でしかない。それはこういうことだ。精子は、染色体レベルで、将来自分が受精させる卵が、原形質を提供する側になるのか、退化させる側になるのかを決める。自分が受精することによって、卵子が二分された性のどちらを生きるかが決まる。女の子をつくる精子は「太って」いて、男の子をつくる精子は「細い」。精子が担ってやってくる性が、受精卵に埋没した瞬間、受精卵は未完成者への道を歩み始め、桑実胚に始原生殖細胞の前駆細胞を発現させるときまで、「未」完成の当事者としての時間が刻まれる。

実際、原形質を退化させてくる精子は、将来、原形質を退化させる受精卵を、「大きく」するように働く。将来、原形質に胎児を纏わせて産出する受精卵を、「小さく」するように働く。「発動」の当事者は産まない代わりに性を決定する。「過程」の当事者は生殖子を放出しない代わりに産む。だが、生殖子の立場からみるとき、それだけではないことがわかる。

「発動」の当事者が生殖子を出すように、「過程」の当事者も生殖子を出す。「発動」の当事者が原形質を退化させた生殖子を他人に放出するように、「過程」の当事者は、原形質を退化こそさせないが、増幅して他人の前に生殖子を放出する。しかしどうやって。

当然「お母さん」は女性であるから、男性の生殖子は放出しない。女性は精子を放出することはない。「お母さん」は、自分が選んだ１ＮのＤＮＡを添え、女胎児の中で卵子を発現させ、自分の体外に輸送する。

これまで生殖子を放出する生殖器官の物理的な違いを比較してきたがいま生殖子を放出する、つまり「生殖をする」対象を比較する。

「発動」の当事者は、胎児の母親となる「過程」の当事者に放出する。「過程」の当事者は、「完成」の当事者の相手となる「発動」の当事者に向けて、女性生殖子を放出する。「発動」の当事者は生殖子の放出に先行して、同世代の「過程」の当事者を決定し、「発動」することによって次世代の性を決定する。「過程」の当事者は、同世代の「発動」の当事者とともに融合の場に生殖子を送り、次世代の体に生殖子を育て、その体ごと、将来の社会に向けて相手は未定のまま放出する。その胎児は「過程」の当事者が社会に投入する提示であり、胎児が、次世代のどの「発動」の当事者を相手と決めるかは未知数だ。

「発動」の当事者は、自分で生殖子を生み、同世代に向けて自分の体から生殖子を放出する。それが「発動」の当事者が属する時間枠だ。「過程」の当事者は将来に向けて生殖子を放つ。生まれてくるのが女の子であれば、自分とその女の子と共同でつくった女性生殖子を託すのである。それを担いうる生殖子DNAを、自分は添える。しいていえば、「過程」の当事者は、生殖子の放出に並行して、その女の子に適する次の世代が育つ社会をつくる。

生まれてくるのが男の子であれば、「過程」の当事者は、男の子と一緒になって生殖子をつくることはない。女親と男児の間は生殖子の関係では、断絶する。男の子は胎内にいる間、生殖腺に生殖子が発現しないため前の世代からの生活を引き継がない。その子が成長した暁につくられる精子は、その子が送る生活によって決められる。「お父さん」になるとき、発現させる生殖子を体外に出す。染色体に組み換えを起こすのは同じであるが、少年は自分の体ではじめて生殖子にヒトの生活を刻印する。

男児の出産とは、「過程」の当事者にとって何なのか。

成長した「発動」の当事者が女性に出会うとき、個体に守られた生殖子は体外に放出され、男系の生殖子が、他人である女系に継がれる。男子の生殖子は母親の胎内にいるときに発現しない。一個体の中で、発現から放出が終結する。このことは個体として「発動」の当事者の生活力の脆弱さにつながる。男の子を生む精子は、精子を大量に生産する個体を守り、かつ、自前で運動のエネルギーを保持しなければならない。それは精子の本能であり、個体数の大きさは、成体の大きさに転換される。女の子を生む精子は、個体数が大きいときは若干大きいものの、受精後は成体の総体積を小さくする方向に転換する。

男の子らしさは精子のこんなところにあったのである。

卵子という生殖子は、性生殖子である前に、生命の場を担う存在である。男の子生殖子を引き受けて将来世代の横の接続を行うべく、男の子の生殖器を形成はする。だが女の子生殖子を引き受けた際に自分の生殖子を体外に出すべく、生まれる前の女の子に生殖子をつくるのとは違う。男の子の場合、原精子細胞のまま、生殖細胞に転換されずに生み落とされる。

それぞれの生殖子が放出＝輸送されるとき、何重にカバーされるかをみてみる。精子は、精管の中を「発動」の当事者の体および外性器を通り、その際は2重に覆われる。外性器が女性生殖器に接続される際は、女性生殖器と女性の個体が加わり、4重に被覆される。

卵子の方はまず卵胞に包まれる。胎児の出産前は、2番目に胎児の生殖器、第3に生殖腺を完成させる胎児、第4に生まれる胎児を宿す生殖器、第5にその個体と、5重の被覆を得る。つがう相手の精子を被覆に数えるときは、6重としてもいいのかもしれない。胎児が生まれてからは出産前の第4および第5が失われる。さらにその受精した卵が胎児となって現世に生まれ出るときは、受精卵の母親の生殖器および母体が加わり、8重になる。

精子の最高が4重であるのと、卵子の最高が8重であるのと、覆う層数に違いがある。生殖子が自立性を確保するのには乱暴さは必要であると述べた。精子は長距離を輸送され、卵子は噴出後浮遊することによって、環境から自立する。

「過程」の当事者が「発動」の当事者を産むことを考えるときに問題なのは、個体間を輸送される生殖子において、異性であれ同性であれ生殖子が、それぞれの形で自立するということである。生殖子の有する世界は、原形質を提供する側と原形質を退化させる側に二分されることをみた。被覆層の層数に2倍の違いがあることもわかった。ＤＮＡを次の世代へ継ぐときに、より乱暴に扱われることが、より環境から自立するという論理によってこれは「発動」の当事者の生殖子が、「過程」の当事者のそれよりも母親から自立的であるという説明になる。しかしそれでは生殖子の論理に立ち戻るのみで、それぞれの生殖子に対する「過程」の当事者の主体的な自立を説明することにはならない。「発動」の当事者を「１」、「過程」の当事者も「１」とする線分に代表させて、数直線に性差を表そうとしてきた。その方法論としては間違っていないという示唆を得つつも、その論理を成り立たせるお互いに自立する異性についての説明が足りない。

第3篇　物質の特性

第4章　卵子の夢

三木成夫は新書『胎児の世界』で胎児の顔の点描を紹介する。点描された時期の胎児の大きさは、豆粒程度である。体側から見て、勾玉のようである。胎児は顔が胸につくほど首を折り曲げて臍帯につながる。胎児の顔を正面から観るために、顕微鏡を使い標本の首を切り落とす。その表情に生きた化石をみた研究者は、生命史上の上陸に焦点を当てた。

第一次性策が現れる4週、胎生32日のころ、フカ、魚類。胎生30日の10日前後で、1億年に及ぶ上陸にかかわる分化を終える。

胎生36日、昔トカゲ通称ハッテリア、両生類。上陸するものが現れる一方で、上陸したものの海に戻るものもある。海に生きるものは海に残る。脊椎動物たちは海から陸に生活を移すか葛藤した。その跡がそれぞれの器官に残る。胎児はこの葛藤劇を、胎生5週で駆け抜ける。

胎生38日、毛もの、哺乳類。

胎生40日、5週5日、ヒト。胎生6週前後で、性腺が分化し、精巣網が発現する。

第二次性策が女児の皮策として発現するのは、その2週後、胎生8週のころである。国際産科婦人科学会では、妊娠8週未満を胎芽とし、それ以後を胎児とする。胎生8週4日の写真では、体長45ミリメートル、4・5センチメートルである。顔がほっそりして、瞼が発達する。それ以後は目をつむる。

胎児の脳波からは夢を見るときのレム睡眠が確認される。たまに目を覚ますが、成体の睡眠リズムとは異なる。ほとんどを眠って過ごす。妊婦も熟睡するとき、母子ともに健康であることが認められる。

胎児の肉体は胎生8週まで、生きた化石様に変態する。胎児は身をもって一連の変態を重ねる。そのことが「1」個の細胞からヒト組織へ増殖する、生命に必須な活動なのだ。細胞がヒトという形を発現していく過程で、地球の生命史の機序を追うという発見は、研究者の夢でもあった。この系統発生の発見を、三木は「つまむことのできる夢」と呼ぶ。胎児は眠りながら自分の生きた系統発生、とくに上陸の葛藤を、反芻する。

細胞群からある器官が発現する過程は、その器官の存在理由でもある。その器官の機能には、発現過程に刻まれた、生命史の結果が現れる。であるからこそ、器官は発生過程を踏襲する必要がある。発生の順を追うのが、効率が悪いようでいちばんの近道なのだ。「1」個から組織化されるものの機能を、着実に形成する唯一の方法である。たとえ瞬間でも葛藤の跡を再現し通過することによって、機能を獲得する。そうやって胎児の体は機能を記憶をする。30兆個以上の部品を人間が故障なく機能させることは、まさに夢のごとしである。

卵子が分裂を休止する現象を眠ると表現してきた。起こされた卵子は、受精卵となって分割に働き、分裂した細胞は、暇を縫っては夢を見る。これは単なる比喩なのだろうか。

DNAを備えた個別の細胞が夢を見るという話を、ミステリーに仕立てた『ドグラ・マグラ』という本がある。人を構成する細胞は夢を見、ほかの細胞と連携を保つという。三木成夫は、この本の作者である「夢野久作」（本名杉山直樹）を評価する。

20歳で妊娠する女性を例として、卵子の減数分裂における休止と覚醒の周期と、体細胞群との関係を表に示す。女性の妊娠期間266日中の6日目に、原生殖細胞の前駆細胞が発生し、112日の16週で第一休止期に入る。そのあとの154日間、22週間はそのまま休止し、出産をやり過ごす。10歳で初潮を迎えるまでの10年間も、休止が続く。妊娠をする20歳まで、眠り続けた卵子は1日半だけ覚醒して分裂を再開し、排卵直前に再度休止する。受精するまでの時間は1日半のみである。

この妊娠を日数で表すとき、生殖子である期間の7560日のうち、休止期間は7452・5日である。休止していない期間はたったの107・5日であり、覚醒期間は全体の1・422パーセントである。残り98・578パーセントは休止する。

眠りを富士山にたとえるなら、科学的に睡眠は、1合目くらいまでしか解明されていない。睡眠にともなって見る夢は、再現する方法もない。ブリタニカ国際大百科事典小項目

20歳で妊娠するケース

	人		胎児		卵子		減数分裂	
	年	日	週	日	日	分裂期の比率（%）	覚醒日数	休止日数
受精			-	0				
前駆体の発生			-	6	0	0	-	-
組み換えと休止			16	112	106	1.402	106	-
出産	0	0	38	266	260	2.037	-	-154
LHサージ	19	7297			7557	96.521	-	7297
排卵	19	7298.5			7558.5	0.0198	1.5	-
受精	20	7300	-	0	7560	0.0198	-	1.5
計						99.9996	107.5	7452.5

事典には「睡眠中に進行する一連の視覚的心象」と定義される。夢はほとんど映像で、言葉が出てくることは稀で、夢を語るときはその映像を言葉にする。聴覚や味覚、嗅覚などの五感も、夢の中の事象となる。ウィキペディアでは「夢には見る人の視点が備わる」という。ここでいう視点とは、遠近法でいう二次元の構成上の視点ではなく、見る人の立場がともなうことである。全盲の人は日常を映像でとらえないが、夢を映像で見ないかというと、そうではない。体で感得したものを夢に見る。もっと不思議なのは、それまで聞いたことも話したこともない異民族の言語を、突然話したり歌ったりすることだ。それがどうしてできるのか本人に問えば、夢で見たという。

人はものを見るとき、それまでの体験や生き様によって、取捨選択をする。夢は、見る体験のひとつに位置づけることが可能である。現実は個人の外に存在し、夢は個体の内で完結するものとはいいきれない。映像である睡眠中の夢は心の内に向き、覚醒中の現実の視覚的な感知は、単純に体の外に向くともいえない。記憶媒体に引き入れられた記憶は、睡眠中、覚醒中を問わず、必要なときに表に出てくる。夢は体の休止中にみるが、覚醒時に意識される人の記憶を再生することを助け、記憶の引き出しを開け閉めする機能を果たす。睡眠は体を休めるだけではなく、現実の事柄に人が距離をおきながら、その個体に必要なビジョンを、夢によって用意する。

受精卵は妊娠38週を終えて「人」に行きつく。そこからは核のない26兆個の赤血球と、11兆個の体細胞と生殖細胞への「人生」が始まる。そこで三木のいう個体発生は終わる。だが「つまむことのできる夢」で検証される系統発生の期間は、限定されない。受精卵という「1」個の細胞は、現在進行形の生命史の一過程であるのだ。赤ちゃんの生まれる瞬間には、生命史を変化させる可能性が秘められる。人の生長に現れる系統発生は、地球の生命史に継がれる。「人」は、過去から続いてきた生命の一部でもあり、生命史に確定されたものと、胎児が具現する未確定さを、現在に固定するものでもある。

生命史の一部である上陸に、生命が悩んだ時期は、2億3千年前から1億3千年前までである。1億3千年前から、現生人類が現れる200万年前までの地球史や、人類が現れ、農耕が始められる1万年前の歴史すらも、胎児の体に再現されている可能性はある。生命の発生に遡ることも、さらに宇宙の発生にまで遡るとしてもおかしくない。胎児という未確定の者が、その生長過程で、生命上陸の葛藤を体現すると信じるとき、地球における生命史だけでは足りない。

胎児の中で、体細胞から分化する生殖細胞のときも、胎児として生長するときも、人間として誕生した後も、生殖子の生活次元において、卵子は、受精によって目を覚ますまで、星霜を重ねる。時間の長さに見合う夢というものがある。「1」個の細胞から人体となるこの細胞は、原子から成る。「生命の星」である地球の発生も、数直線上のどこかにある。地球は星であり、星には、星の発生史がある。宇宙には地球が発生する前の宇宙史があり、原子という物質には、宇宙で生まれた歴史がある。宇宙の年齢は、現在地球の年齢のちょうど3倍である。

生命が活動をいったん止めるとはどういうことなのか。観察している生物が動きを止めるとき、異変があった方に警戒心を働かせているのがわかる。外からは行為がただ止まっているように見える。間をおいて中断は終わり、行動は再開される。中断は行動の休止でもある。中断された行為は前の行為が続けられる場合と、異なる行為に移行する場合がある。

休止の続きを規定するのは、中断に対する用意である。心に余裕があれば再開を見越して、行為を止める手続きは、休止のエネルギー状態にスムーズに移行する。休止は適切であり過程として位置づけられ、ものごとに対する自己が保持される。最終的に行為の中断であれ終了であれ、休止の質は高い。記憶は維持され、記憶を形づくる力となる。休止を終えるタイミングも適切である。

用意がなく、やむを得ず休止にいたる場合、転換のスピードは優るが、止めるエネルギーを要する。体勢は崩れ、行為を止めている間の内容にも質の変化が及ぶ。休止は不適切であり、休止それ以前の活動の質をより低くする。最悪の場合崩壊へと流れる可能性がある。それ以前の記憶を蘇らせられず、元に戻る選択は困難となる。以前の行為に復旧しえない場合、休止の延長につながり、過程の崩壊、行為の終了につながる。

生命が「止まる」ことは死であり「不適切に止まる」ことは病気になる。病状に苦しめられたとしても、生命のあり方を学び直し、休止することによって、健康であったときの記憶を蘇らせることができれば、心新たに現場復帰をする。

つまり「適切な時間の休止」は、生命を再充実させ、さらなる向上に関係する。睡眠という機能は端的にそれを現す。行為に携わった器官の力を抜き、そのエネルギーを低いレベルに保ち、余ったエネルギーを記憶の整理にまわす。ある行為を掘り起こして、思い出した内容を改めて意識する。苦しかった記憶でも、苦にならない距離を保ち、行為を開始したところまで記憶を遡る。苦しさと、開始した状況の両方を確認して、動機に型を与え、自分の達成すべき点を客観化する。この営為は、行動よりは休止と呼ぶに相応しいが、休止中の記憶は、いずれ行為につながる。復帰した暁についてシミュレーションをするのは、記憶を支える論理の更新をすることになる。休止の前と後で、記憶は異なる。

記憶が保存される時間は、その生命が生きた年月に比例する。なにかを思い出すということは、記憶の保存期間と、生命となって以来の活動期間の、日常生活での比例関係を破ることである。無意識下の記憶からデータを抽出し、かつての行為に上塗りをし、新しい記憶に組み直す。記憶を再稼働させる動機は、現在の行為に区切りをつけたいという欲求と関係する。夢は世界的に、宗教や占いに影響力をもち、近代になってフロイトによって科学的な思考の対象とされる。日本では、明恵上人によって初めて知的に考察される。

夢と歴史の学習は相似することに、古代の人々は気づいていたのだろう。夢とは個人の非覚醒時の、無意識下における記憶の再構成であるとするとき、人が意識的に歴史的知見をとり入れ、自分の行動に活かすのは、蓄積された財を享受するという社会的営為そのものである。エネルギーをとり入れて出すのが生命であるとき、歴史で起こったことを自分の生にどう関係づけるか、人として感性を磨くことが、歴史を学ぶということであろう。自分の中に蓄積された歴史を位置づけ直すことを真の学習という。年号を憶えるのは歴史を学ぶことではなく、自分を記憶媒体化し、そこに情報を詰める作業である。

歴史とはものごとの成り立ちを言葉で知ることでもあるが、宇宙には宇宙の、社会には社会の歴史があるが、夢は個人史に与する。人間にとって真善美は最高の価値であり、知性によって宇宙を解明するのが科学であり、常識と良識によって社会を説明するのが国の歴史であるとき、宇宙の論理によって人間社会を解こうとするのは、まさに人間の夢である。「真」は宇宙史に、「善」は個人史に、「美」は国家史にひもづけられる。

この観点から、なぜ卵子にかぎって歴史的ともいうほどに長い期間、減数分裂を休止するのかを解明しなければ、社会の基本である男女相互の自立を説明することはできないだろう。

人の生きる時間は年齢で測られ、胎児の生きる時間は、月齢もしくは週数で測られる。卵子の生きる時間は、地球の公転または自転の時間では見てとれない側面がある。排卵が40歳のときであれば、卵子の「とし」は、「LHサージ」の項目に7300日を足し、積算日数で1万4860日になる。覚醒日数の比率は0・723パーセントである。50歳のときの排卵であれば、1万9550日を加え、覚醒の比率は0・581パーセントと、さらに小さくなる。20歳妊娠時の1・422パーセントと比べて、50歳では、0・841パーセントも小さくなる。

ただ卵子が浮遊する7、8日間の日数は、週の単位に近く、7日のリズムが生命の節目である可能性はある。生殖子でも卵子にかぎり、胎児と嬰児が生殖子によってつながれる。卵子は胎児と嬰児をつなぐばかりではない。表の7行目、2つ目の受精に注目してもらいたい。最後の休止に入った卵子は、まったく異とする系列からくる精子をつなぐのである。ここには卵子が胎児と、「発動」の当事者の環境をひとつにする働きが見てとれる。この受精によって次世代の生殖細胞は始動し、2行目の「前駆体の発生」以降を繰り返す。これは決して1周した後、元に戻るのではない。

母体と胎児を見たとき、誕生とは人による胎児の異化作用である。社会から見たとき、胎児の誕生は、世界と、母体から出た胎児の同化作用である。胎芽が伸ばす絨毛を受けた「過程」の当事者が臍の緒を断つとき、赤い血をいったん切り、白い血液をもって嬰児を外界へと導く。血の色は鉄の有無であり、母乳は、酸素をつかむ鉄を欠く。胎児は自分の肺で外呼吸をせず、母体の肺で外呼吸を代理する。羊水から上がってはじめて肺呼吸をする。乳児は自分の血液循環によって、肺から酸素を捨てる。胎児と乳児の間は、上陸前と上陸後の違いがある。

「1」個の卵子が生きる経緯を理解するために、前の表をもとに、他世代の卵子の発現とともに数直線に描いたのが次のページである。始原生殖細胞が増殖を終えて、減数分裂を開始して卵子が発生し、その直後休止に入る。この胎生16週のころを、縦軸と交わるいちばん上の数直線のラベル「0」とする。それから十数年を経たころ、排卵する直前にLHサージで1回目の休止から覚めて、分裂を再開する。再開後1日半で、2回目の休止をする。この2回目の休止を、卵子の成熟としてラベル「1」にする。

ラベル「0」と「1」の間、新生卵子は、母乳児の出産を眠って過ごす。休止に入る2回の間に、胎児は出産される。出産をするのは祖母である。卵子が発生するのは、ラベル

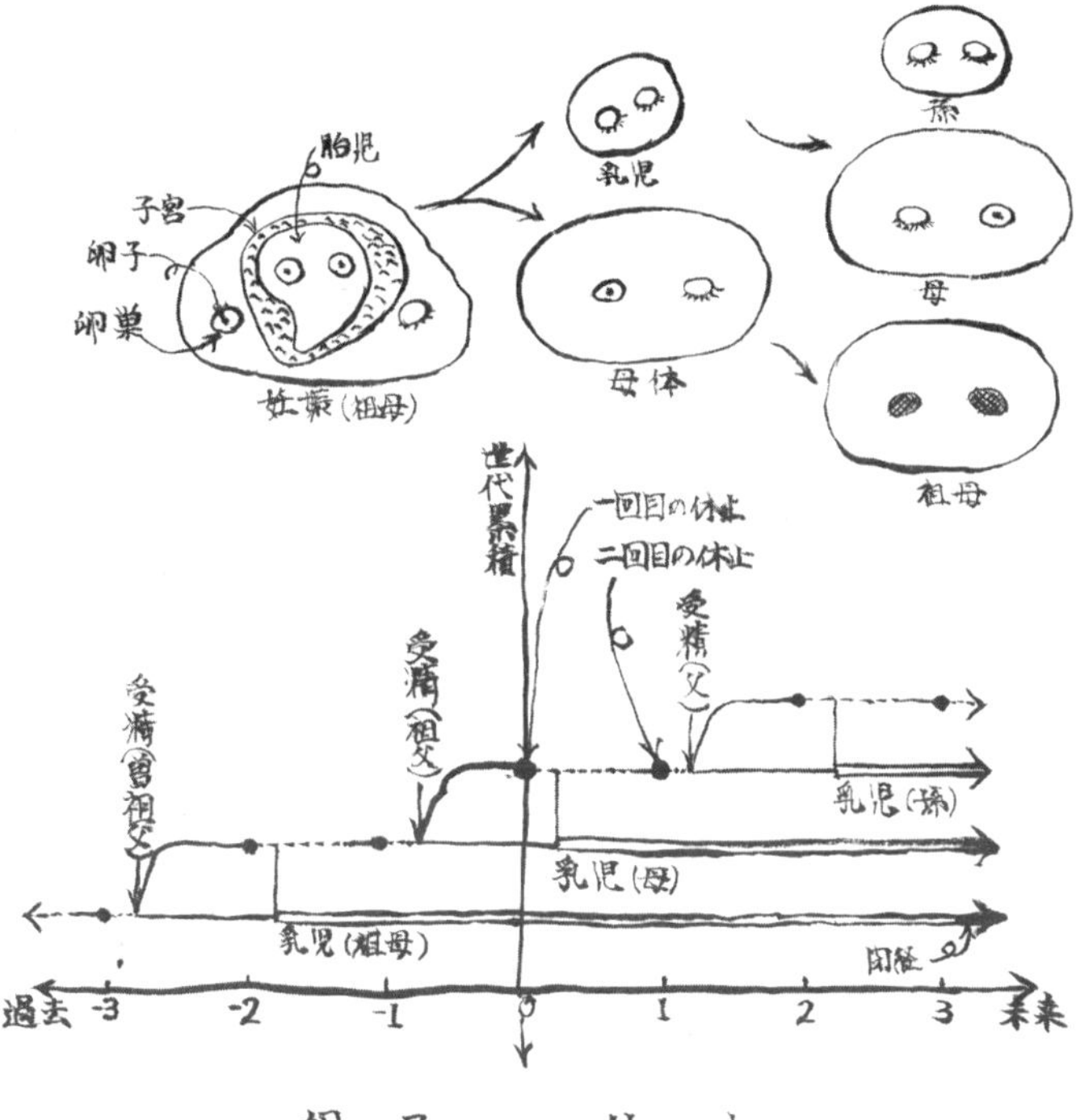
胎児
子宮
卵子
卵巣
妊娠(祖母)
乳児
母体
孫
母
祖母
世代累積
一回目の休止
二回目の休止
受精(父)
受精(祖父)
受精(曽祖父)
乳児(孫)
乳児(母)
乳児(祖母)
閉経
過去
-3
-2
-1
0
1
2
3
未来

卵子の休止

「マイナス1」と「0」の間の「0」に近いところである。「マイナス1」では祖母の卵子が排卵前に2回目の休止に入り、精子を受け、受精卵が卵子を発生させる。

人から見た生殖行為は、先に他性とのつながりがくる。それから世代間のつながりになる。他性とのつながりは膣で、世代間のつながりは子宮で起こる。時間系列であるx軸上の「1」目盛の休止ごとに、新生卵子は前の世代と協力して、胎児と出産児をつなぐ。y軸の上方に世代を積み上げて、出産児と「発動」の当事者をつなぐ。受精によって卵子としての立場に終止符は打たれるが、卵子は、生命を伝える直径0・2ミリメートルの縄をなうのである。

祖母から母、母から子へと、物質的に継がれる卵子の系列は、「過程」の当事者二代を経て孫の世代、三世代目にはじめて空気に触れる。祖父母の生活の刻印は母の体に埋められて、それを外の社会に開く役割をするのが、孫娘なのだ。母が祖母から引き継いだ卵子自体は、二世代のかけ橋となったうえで排卵される。卵子が肉となり皮膚となって日の目を見るのは、祖父の太った精子を受けて、母が生まれ、その娘が父の太った精子を受けて、出産されるときである。卵子の個性の発生は祖母、母とその子と、多くの人の生活にかかわる。祖母が新生卵子を社会に放出して、その卵子が受精をして胎児となり娘となってはじめて、人の外側の器官になる。女の子になる胎児からみるとき、母胎児とその孫胎児の三世代があって、5人がかりで卵子は表に出る。

男の子になる精子を受けた卵子は、その精子との共同生活に入るものの、父母からもらった生活の記憶をそのまま排出する。男の子生殖子と女の子生殖子は、生殖子の個性が発現したときから、祖母および未成熟母の魂、さらに姉妹兄弟の個性との饗宴を経るか、生殖子の個性を発現させる成熟した父の魂と、10億個の多様性社会を生きるか、という違いになる。

卵子は1回目の眠りに就いて祖父母の記憶を刻印する。祖父母との現実での生活が10年、もしくはその2倍から5倍という時を経、眠りから覚める。覚醒して、祖父母の記憶のカプセルを開き、卵子と同じ服からでた母体細胞が送る日々が、記憶に刻印される。タイムカプセルは閉じ、卵胞噴火による放出へ向かう。

受精をして当事者たちの新しい記憶を書きこむ。5、6日で生殖細胞に分化したのちは、卵子精子ともに、体細胞とともに祖父母の生活を生きる。受精してからの16週間、約4カ月は、生殖子として、個体とのつながりが途絶える。仕上げに両生殖子とも、新生体細胞での記憶を書きこむ。

記憶を整理して、新しい記憶の2点を定める、それによって卵子という生命索は、数学的な数直線に定義される。卵子には祖父母の生活と、母の生活の2点が刻印される。これによって生命に直線的な力が備わるといえる。この生命の綱の直線的な方向性とは、生命に、物質的な記憶以上の記憶を加える。1回目は出産、2回目は卵胞からの放出という、体細胞が通過する関門を、卵細胞は自分の体力温存を第一義とする。受精卵は胎児になるとき、このような生殖子の活動を守る働きをする。

他性として祖父は精子を卵子に添わせ、母乳児を育てる。男児においては、受精後16週間といわず出産まで、新生原生殖細胞は、体細胞群とともに生き、祖父と祖母の体細胞DNAに等しい。祖父母の生活は生殖細胞に刻印されず、父母との生活も、刻印するといえるほど刻印されない。それらは胎児と嬰児との間をつなぐこともない。個性を発揮する精子群が登場するのは、世代が代わって、十数年経過したあとである。卵子の刻印と並びうる精子の契機は、唯一、男性の体で減数分裂を開始するときである。

精子のDNAは、36日もしくは60日間、父の生活を呼吸する。精子は卵子と違って閉鎖空間にいるわけではない。しかも内臓器と過ごすよりは、胴外にある陰嚢の中で精子となる。分裂の機構を涼しく保ち、外界に近いところで、環境や生活の習慣なども耳にするだろう。精巣上体尾部に滞留し、呼び出しの待機中の2、3日は、父が眠るように眠り、夢を見る。精子はいわば空冷だ。

卵子というミトコンドリア25万個を擁するなまものは、熱伝導の優れた水によって冷やされる存在だ。水は容器がなければ形を留めないが、容器の形に合わせて変容する。卵子は骨肉と脂肪層に守られて過ごし、卵胞の顆粒膜細胞に包まれ、細胞間液に浸る。腹腔を漂う間でさえ、放線冠は緩衝材であると同時に、水に放熱する器官でもある。「発動」の当事者の精を得て、体細胞となる卵子は、いよいよ前二世代が紡ぐ方向性を体現する。生命の基本線を供する卵子は、精子を得ずしては表に出ない代わり、生命を貫くに足るものが託される。その卵子に、何億という兄弟姉妹の中から、男性の個性を備えた精子が合流する。1世代かぎりの精子の夢は、卵子の直線的世界に対して、現社会を凝縮した夢でもある。まさに嵐による対流だ。両者は生命が社会に生まれ出た後の力となる。他性によってDNAに新しい記憶が加わる。卵子は精子に原形質を供することによって、精子生命の本体となり、刷新された生命を確固としたものにする。

受精光は、138億年前にあったとされる宇宙の始まりのようである。浮遊する受精卵は、その直線性と社会性の融合によって、生命を「0」から発する。

原形質を供給する側の人とともに、「1」個の宇宙である人を体現する。体細胞は固体を発生させ、生殖細胞は系統の当事者となる。生殖細胞を形づくる原子は、宇宙の最遠、最古の場で、素粒子が発生し、核子が形成され、星が発生する宇宙史の中で結合した。その原子の経験も、眠る卵子は夢にみる。

高エネルギー宇宙では、想像を超えた感度で、物質と反物質は組み合う。ビッグバンではまず物質の5倍ある暗黒物質が発生するといわれる。ビッグバンから、1000億分の1秒後、素粒子が発生する。このとき発生する粒子と反粒子は、ペアを組んだとたん、宇宙から消失する。1万分の1秒後「ペアを作れなかった」粒子は、10億分の1の確率で宇宙界に残る。

私たちをつくるのは、この「ペアを作れなかった」粒子である。10億分の1の歪みは、素粒子に刻印され、このとき宇宙に「残った」光子、電子、ニュートリノ、クォークは、生じた歪みを修正し、流れの入り口を開ける方程式を解く運命を負う。私たちが本能的にパートナーを見つけようとするのは、素粒子のときの記憶を持っているからだ。

いまあると信じる世界を形づくるのは物質である。肉体をつくるのも物質である。性の異なる人間の肉体は、宇宙の歪みによって生じたこの物質からなる。生身の人間は死によって相手と別れる。だが、真の物質的ペアは、真の相手をみつけ、宇宙の本流に乗り、物質に留まらない。とり残された私たちこそ絶望の記憶を有する。その記憶の中にビッグバンと称する光を見出し、宇宙の本流を知ろうとする別の本能も有するのだ。

残された素粒子で、物質を形成するのは、粒子と反粒子のうちの粒子である。光子以外の粒子には、重さの軽い方から第一世代、第二世代、第三世代とある。なぜ重さの異なる世代が、宇宙に発生するのかはわかっていない。第二世代と第三世代は、重さのために、不安定で存在してもすぐ消える。軽い第一世代が、宇宙に安定的に存在する。物質をつくる原子の核の大本はクォークである。クォークは、それぞれの世代に2種存在し、第一世代のそれをアップクォークとダウンクォークと呼ぶ。ここでは第二世代および第三世代については触れないことにする。

原子核を周回する電子も素粒子である。電子の質量を「1」とするとき、アップクォークは10、ダウンクォークは20となる。上と下の方向がある空間で、物質の相対的に軽いものは上にいく。軽いものは宇宙空間で力を受けにくい。いったん得た方向性を妨害されにくく、安定を得やすい。アップクォークの2倍の質量をもつダウンクォークは、不安定で、崩壊する確率が大きい。

この素粒子であるアップクォークとダウンクォークが、卵子前核と精子細胞に相似する。精子と卵子の生殖子自体ではないところが重要である。

不安定に映るダウンクォークは、不安定を安定に向ける意思が働く。ダウンクォークには、ダウンクォークがダウンクォークとしてある世界のあり方がある。結合の結果得る安定はダウンクォークにとって大きい。結合力は、結合したあとに排出されるエネルギーで測られる。ダウンクォークからみたアップクォークは、質量の小さい相手に映る。ダウンクォーク系には、結合しなければ致命的に不安定で、結合をすれば相対的な安定を得るという二面性がある。

ダウンクォークを、アップクォークより質量が大きいという物質性によって定義する。不安定な性質は生存に耐えがたい向きがあるが、容量が大きいことによって己の心の揺れを発見し、自分を「知らない」ことを発見する余力がある。自分の核をなし、他者の核をなすものを定義する作業を行い、不安定な性質を乗り越えて生存する方法を求め、他者を発見する。異なるエネルギーの風体こそは安定することを知り、不安定であるわが身は、結ぶという行為によって風体を変えることを知る。

第一次精母細胞は2個に分裂し、第二次精母細胞はさらに2個に分かれ、精子細胞において1Nを獲得する。極体をつくる卵子と違って、減数分裂においてまず自己の分身を分裂の過程に投入する。精子は原形質を退化させるが、接合する卵子に対して胎児を大きくしようとする。

卵細胞の中で卵子前核は分裂する染色体を、削ぐ行為を重ねてくる。卵子前核にとって、卵子の原形質は、既存の自己を保全することが可能な環境である。前核を擁する卵子は胎児の体を小さく保とうとする。アップクォークにとって、安定性は自己定義である。現世における安定は現世に安住することである。安定した視界には、不安定な存在も安定する存在も映る。安楽は自分の安定を揺るがすより、安楽を維持しうる可能性を採りやすい。卵子前核は自ら裸となって1NDNAとなり、やはり裸となる精子先体の内容物と結合する。

真の相手を得る粒子と反粒子は、エネルギーの停滞から脱する。取り残された粒子たちは、不遇にわれを忘れる習癖を克服する。そのようなペアを成就した仲間を追い、結合という冒険へ踏み出す。「あ」を言う間もない、宇宙1万分の1秒、10億分の1の確率のとり残され組は、クォークの結合を生じさせる。2兆度という温度では紙や人どころか、金属すらも「蒸発する」。蒸発する熱風に曝されるというものの、もっと高い温度からここまで下がったのだ。

反粒子が求められないのなら、似たもの同士で心の飢えを満たす。「1」個とり残される世界の孤独を経験したクォークは、最初に同じクォーク同士が結ぶ。記憶の原景という共通なものを見出す。真の相手を見つけて結合し、ともに物質界から消え入りたい渇望に、信頼を見出して結束する。「1」と「1」が結合し、まず自己を増幅させ「2」の世界になる。仲間ができて安定もして健やかになり、自信が生まれる。自信を得れば、同質ゆえの反発心も生む。自分に近い相手に攻められ自己が歪みもする。そこに第1の結合を押した不安の記憶も加わり、自分たちより大きい、小さいと見ていた、第三者にエネルギーが向く。

自信を持つ経験は、自分の枠を外し裸になる勇気となる。自分を部分的に壊すところに、他者のための空間ができる。宇宙の流れに乗るための入り口を探せないなら、異とするものとの結合を企て、その謎を解明しよう。結合をした「2」個へ、異質な「3」個目を迎える。「3」個が同じ枠におさまり、「3」の世界ができる。アップクォーク同士のところにダウンクォークが、ダウンクォーク同士のところにアップクォークが加わる。小さいクォーク「2」個の方を陽子、大きいクォーク「2」個を中性子という。

三つ巴が完成して結合体にインターフェースができる。その内側で仲間に加わった第三者を間近に感じるとき、自分たちと同じものが流れるのを知る。見かけの違う相手をよく知ることは必須であることを理解する。温度が下がって異なる物質同士が結合するのは、宇宙の普遍的な現象である。結合して安定した物質は不要なエネルギーを捨てる。

ところがクォークは結合をして40倍から50倍も増加する。クォークを結ぶのはグルーオンという粒子であるが、それ自体には質量がないとされる。このことはクォークが本流から綻び出たときの、クォークの運動エネルギーがいかに大きかったかを物語る。3個を結えるインターフェースが保たれるには、クォークより数十倍大きいエネルギーが要る。

結合後のクォーク両系の開きに注目するとき、結合前の単体の開きは、電子相当「10」

個分である。三つ巴の質量和を単純に出すとき、陽子はアップクォークの質量10が2個分の計20と、ダウンクォークの20で、質量40になる。中性子は、アップクォーク1個とダウンクォーク2個分の質量40で、合計50になり、本来なら両系の開きは「10」である。

ところがインターフェース下の三つ巴といえば、陽子は電子の1836倍、中性子は電子の1839倍になる。陽子で、質量和40の45・9倍、中性子で質量和50の36・72倍に増加する。陽子と中性子をアップ系とダウン系に分類するとき、両系の質量差は、電子「3」個分である。

初めて結合したこの物質も、人の目に入るような大きさではない。クォーク「3」個が結合した陽子と中性子によって「2」種の核子が発現する。原子番号「2」のヘリウム以降、すべての元素にこの2種の核子は含まれる。クォークの質量による性質の違いは、陽子と中性子にも反映する。ダウン系三つ巴の重さを1とするとき、アップ系は、ダウン系より0・14パーセント軽い。質量の大きいダウンクォークは、ダウン系中性子の、0・05パーセントである。

「3」を擁する型は奥が深い。同質な仲間の結合に、異質な1人を加える二つ巴は、人の成長という観点から、人間性に通じる。人は、周囲から型にはめられて人格を形成するものである。型にはめたからといって、個性はなくならない。人間関係を築く能力は、それ相応の年月と経験をかけて用意される。分化を生きてはじめて、異文化を背負う人との結合を可能にする。

人には、両親があって自分がいるという生の原イメージがある。両親のどちらかは、自分と同性である。人は家族の中で、性の三つ巴を二重に生きる。生殖によってつながる大人に対する子どもは、二人に対して個であるという三つ巴がひとつである。いまひとつは、自分と同じ性同士の親と、異性の親の三つ巴である。子どもは同性の親と、ただ同じように生きるわけではない。異なる性の親との距離をも埋めようとする。

結合直前のダウン系三つ巴の質量内訳は、ダウンクォーク「2」個で40に対して、アップクォーク「1」個は10であった。大きい者「2」つで小さい者「1」をつなぐダウン系三つ巴は、アップ系に対して単純な質量比で4対1となる。その結果、ダウン系は容易にアップ系を結合させる。だが結合しても不安定性は保存され、アップクォークの安定する性質は影響力をもたない。ダウン系三つ巴単独では15分と存在せず、アップ系と電子、ニュートリノに分解してしまうのである。

これに対してアップ系三つ巴の結合前の内訳は、アップクォーク「2」個で20、ダウンクォーク「1」個で20であった。二種のクォークの質量比は1対1で均衡をとる。アップ系の陽子は、結合直前に、アップ系とダウン系の質量比「0」を経て結合し質量が46倍になるときアップクォーク「2」個の安定的な性質は、「1」個の不安定性も含みつつも三つ巴の安定となって現れる。物質界においてアップ系は、自分に寛容であると同時に、他者に対する寛容も示す。それはこの安定に帰する。

ダウン系の結合に要するエネルギーは、単純和の自重50の37倍である。ダウン系三つ巴は46倍のアップ系に比して結合に大きなエネルギーを必要としない。アップ系は他者をつなぎとめるための膨大なエネルギーを要する。一方、他者の記憶容量を尊重し、他者を迎え入れたあとも、他者のもたらす不安定性を放置しない。結合に際して排出するエネルギーの大きいダウン系は、相対的に結合に大きなエネルギーを必要とせず、その後も結合を志向して周囲に及ぼす影響は大きい。

卵子に対して１０００倍もある体積の差を、精子は運動エネルギーでカバーする。卵子の原形質という、結合の場にいたり、殻を脱ぎ捨て、精子前核となる。宇宙に中性子と陽子が発現することを、生殖子の前核同士が融合することに相似するとする。なぜなら結合を始めた第一世代のクォークは三つ巴を形成するが、ダウンクォークの不安定性は、結合体である中性子に現れ、物質界に結合という伏線を引くからだ。一方精子の欠染色体の性質は、性的結合をすることによって、次世代である、受精卵に性を発現させる。

「3」個揃って形成される結合のダウン系とアップ系のインターフェースは、その構成数以外に、ふたつの三つ巴を共有する。ひとつは「ない」という認識の世界における欠落を埋めようとする力の三つ巴である。単体のダウンクォークとアップクォークは質量の開きが10あった。結合を済ませた三つ巴は「7」の差を縮めて電子「3」個分に差を縮めたのだ。結合する記憶を形成した「3」の世界は、同時に異質な物との質量差を小さくする記憶も形成する。物質の大きさは、記憶容量の大きさに転換される。三つ巴の総エネルギーは増大し、「結合した結果両系の差は小さくなった」という記憶が加味されるとき、記憶は記憶を生む。いつか両系の開きを埋めることができるのではないか。

もうひとつは、「ある」世界における、真実としての違いの三つ巴である。中性子の質量1839は陽子の質量1836に対して、電子「3」個分の超過がある。この違いを二者は共有しえない。どんなに小さくても「3」の数字が示す値の違いが両者にある。

それはたとえれば、ダウン系はアップ系より612分の1大きく、後者は前者より613分の1小さい。通分して得た612と613を、四捨五入して600とする。600という数を理解するために、60進法である「時間」に当てはめ、600を60分で割って10時間を得る。8時に仕事を始めたら18時、9時に仕事を始めたら19時に終わる。600分の1とは、その10時間の勤務時間中の「1」分である。1日仕事をして1分間のひらめきがあった日は、素晴らしいものだ。

また１８３９や１８３６を四捨五入して１８００を得、それを60分で割れば30時間になる。男性はＧｎＲＨによって数分に１回、女性は24時間に１回性欲を感じるという。男性女性が結合欲求を同時に感じる確率は、三つ巴両系の全体質量に対する質量差の比率に相似る。女性と男性は同じヒト宗族であるにもかかわらず、男性と女性の間は遠いようにも近いようにも感じられる。

膨大なエネルギーの下、物質と反物質となった膨大な仲間が消える中、残されたアップクォークとダウンクォークは、安定と不安定の違いを示す。異なるものが結合するには、膨大なエネルギーが要る。残り者同士が結合して、風体の差は必要最低限にまで縮小する。その運動の違いを数字的に表したのが、10時間分の「１」分の結合であり、30時間分の１回のすれ違いである。

ヒトの特性は幼生形態と性欲、記憶で表される。風体にその幼さと性欲が反映するばかりでなく、記憶も深く関係する。それはヒトの場合、幼生形態で生まれることと性欲の強化によって、結合が、社会的記憶の形成に相成るからだ。性による肉体の相違が、次世代へと生命を継ぐことを触発するのは、動物と同じである。幼生形態は「過程」の当事者により現れ、より毛深くなく、小柄だ。少女は少年より、社会に対する感受性が強い。

性欲は「発動」の当事者により現れる。性欲はより他性と結ばれようとする衝動である。

現世において安定を享受しえないダウンウォークは、結合に存在を賭ける。その不安定さゆえに、ダウンクォークは過去世を求め、未来を求める記憶体になる。幼生形態を脱する成熟期に、少年は、社会規範に対して創造のための破壊傾向を示す。

物質粒子の発生は宇宙の歪みによる。この歪みに端を発するのが、アップクォークであり、ダウンクォークであった。クォークの根底にあるこの歪みが、生きて死ぬヒトの心の性質をなす。クォークの性質の違いは、結合した物質にも醸し出され、不安定を根源にした結合形式が、性における違いになる。結合するしか道は残されていないもののレゾンデートル。ダウンクォークという記憶の数直線は、過去と現在に定点を置き未来をきめる。立ち止まって考察し、謎を解く術を見つけようと、生産的にいたる。

環境のエネルギーが大きいほど、結合は容易であると同時に、安定する物質は、結合する必要性が小さい。三つ巴の結合エネルギーを自重比でみるとき、アップ系はダウン系より9倍大きい。それにもかかわらず、結合してダウン系より電子「3」個分小さくなる。陽子は、三つ巴を結成して自ら結合する能を高める。今後、宇宙のエネルギーは低下していき、粒子の結合が進むのは時間の問題である。ふつうの水は電子を纏った陽子「2」個と、酸素原子「1」個である。宇宙1万分の1秒における結合で、すでに「水」の元祖が発しているのだ。水素の核となるアップ系は、グルーオンと異なる方法で電子を引きつけ、こんどはその電子で酸素を結合し、水を成す。

宇宙における「３」分、１８０秒が過ぎたとき、温度は５０００兆度から、数十億度に下がり、アップ系三つ巴とダウン系三つ巴が１対１で結ばれる。当事者にしっては「３」回目の結合である。これによって「４」番目の他者が生じ、最高員数は「０」となる。これは物理学において第２の結合といわれる。

核子２個の結合は、温度にして１００億度相当のエネルギーがある。両二つ巴は中間子でつながれ、中間子はクォークと反クォークからなる。この結合によって電子相当「４」弱のエネルギーが、光子となって放出される。光子を目に入れて人は光と叫ぶ。生命体が物質を分析し、また分解するときのツールである。１８３９プラス１８３０マイナス４の式が立つ。第一の結合の欠落の三つ巴を解消してあまりあるかのようである。

結合直前の宇宙には、陽子と中性子は７対１の比率で存在する。宇宙の様相は８分割されていた。これ以降、物質はクォークの舞台から、核子の舞台へ移る。不安定な中性子がアップ系陽子と結合することによって、いっとき宇宙から姿を消す。白色矮星が爆縮して中性子だけの風体が現れるまで、百数十億年を経ることになる光を発しない中性子星は地球に似ているし、ブラックホールになる巨大な中性子星は、中性子のみでできた原子核ともいえる。

三つ巴同士の結合体はインターフェースを無視したとき、素粒子6個でできており、その内訳は陽子はアップクォーク「2」個とダウンクォーク「1」個、中性子はアップクォーク「1」個とダウンクォーク「2」個で、アップ系とダウン系の個数比が1対1となる。質量はそれぞれ単独で10と20、それぞれ3倍され、質量総和比は、単体比同様1対2となる。陽子と中性子の1対1の結合は、不公正中の公正、まさに「独特なバランス」なのだ。

この物理学における第2の結合も不安定なのである。クォークの個数比が均等であるとき、その結合体には、質量の大きいクォークの性質が発現する。これ以降の宇宙で、陽子がプラズマとなって、いつでもどこでも単独で存在しうるのとは、中性子は異なる。宇宙のエネルギーが低下し続けるのに中性子は耐えず、単独で存在することはない。その代わり、その結合性によって核子を「1」個ずつ結合する役割を果たす。

この「独特なバランス」は、水を酸素と構成する「2」個の陽子に、中性子が「1」個ずつ結合するとき、その水を重水ということによって、重水核という。この重水核の発現を、受精卵の第一分割とみる。分割と結合で相似とは、なんのことかといわれよう。しかし受精卵が分割するのは、生殖子の前核が融合を済ませ、核膜の内側で、体細胞分裂を起こす2Nの核分裂の用意ができていることによる。アップ系とダウン系の三つ巴も、これから展開される大きな物質への核子となるべく、自立した性質を保ったうえで、重水核は結合されるからである。

重水核「2」個の核子「4」個が結合して、そこから陽子「1」個が抜ける。陽子「1」個、中性子「2」個の核子結合を水素3という。同様に「独特なバランス」「2」個から中性子「1」個が抜けて、陽子「2」個、中性子「1」個のヘリウム3ができる。

水素3やヘリウム3にそれぞれ「独特なバランス」が結合し、また中性子、陽子が抜けて、重水「2」個が結合した形のヘリウム4ができる。ヘリウム4についしはまた触れる。陽子「2」個と中性子「2」個、別名αともいう。これ以降も結合と脱退は続く。ヘリウム4に「独特なバランス」が加わり、リチウム6。ヘリウム4にヘリウム3が結合してベリリウム7ができる。これらの原子核は安定度が低く、少数である。

結合の舞台がクォークによって演じられていたとき、粒子数「3」個の世界が実現した。結合の舞台が核子に移行するとき、粒子「4」個の結合が実現し、「4」の世界に移行する。宇宙は陽子とヘリウム4が、12対1の比率で存在する世界になる。個数において13分割、質量比では3対1である。質量的に宇宙の物質は4分割され、その一角をヘリウム4が占める。この時点で、高エネルギーに耐える核子最多数の結合である。「3」は安定するが「4」もまた安定する。宇宙は「4」という数字に加え、クォーク数における「12」を発見するのである。

こうして宇宙は38万年の時が過ぎ、温度は3000度にまで下がる。この低い温度下で、空間にあってマイナス電荷をもつ電子が、プラス電荷をもつ陽子に引き寄せられる。物質核は電子を纏う。電子が陽子という核子の周りをまわり始める。これこそは水素原子の発現であり、ヘリウム原子の発現である。光子はそれまで電子に衝突して散乱していたが、核子が電子を結合させることによって、空間を直進し、走行しやすくなる。この宇宙における光子の運動の変化を宇宙の晴れ上がりという。物質界は化学結合の世界へ飛翔するのである。

ダウン系とアップ系にとって欠落の三つ巴を埋めるひとつの方法は、アップ系が電子「1」個を引きつけることだ。電子をもって、電子「3」個相当分の開きを電気的に埋めることができれば、アップ系とダウン系の質量の開きは「2」になる。この質量の開き「2」の物質界が、私たちの体をつくり、体の外にある物もつくる。

私たちの命、私たちの衣食住は、化学結合の世界である。その衣食住を左右する気候、水や火、すべてが化学の世界であり、それ以前の核子は物理学の世界である。人と人が関係を結ぶのに礼節を欠くことができない。「衣食足りて礼を知り、小人究すれば濫するは至当なり」という。礼節以前に、人は身につけるものを作り、身を養い、住を賄う。宇宙のエネルギーが低下したいま、性は、生以前の物理の世界に由来することを予感する。人は物質が在るように生きるのか。

生命は細胞数を増やす。宇宙の晴れ上がりは、細胞間のコミュニケーションの発現とみる。卵分割を始めた受精卵は、分裂から分裂への道を歩み、胚胞では分裂した細胞同士がコミュニケーションをとる。生殖細胞の前駆体も発現し、胎芽は電気的通信を始める。電信によって光が発する。

１億年、２億年が経ち、水素やヘリウムのガスが集まり始める。第一世代の星ができる。ガスは自重によって中心に向かう。燃焼する温度と期間は、ガス体の大きさによる。圧縮して自然炉を形成し、核子融合が起きる。星の燃焼が始まる。水素からヘリウムがつくられる。中心温度は１０００万度に達し、ヘリウム同士の反応により、ベリリウム８と炭素12がつくられる。１億度まで上がる星があり、燃焼を始めて数十億年から百十数億年燃え続けるものもある。大きな星で酸素16の核子がつくられ、もっと大きな星では物質量の最大56の鉄の核子がつくられる。大きな物質核は中心に集まり、ガス体の核となる。熱をもつ核によって周囲のガスは熱せられ、ガスの中に対流が生じ、星はさらに膨張する。対流中で合成された炭素は、宇宙へと放散する。この段階を、赤色巨星という。後に地球をつくる炭素や、鉄より重い元素は、核が形成された後の星から放散したものが集まったといわれる。

星の発生を、受精卵が着床にいたり、子宮を纏うのに見立てる。体細胞は子宮を纏い、多細胞の組織化へ歩み出す。星には多様な核子が発現する。生殖細胞は増殖し、生殖巣は第一次性策、第二次性策を経る。減数分裂を開始する卵子は、一個一個の存在は弱弱しいものであれ、宇宙に瞬く光となる。

第一世代の星は赤色巨星を経て、核に炭素や酸素だけを残した白色矮星となる。宇宙で赤色巨星と白色矮星が接近するとき、赤色巨星のガスが、白色矮星の天体核に引きつけられ、ガスを得た白色矮星は核反応を再開する。この核反応が暴走し爆発するときを、Ⅰa（連星）型爆発という。この核融合によって、鉄よりも大きな元素がつくられ放出される。

これよりも星が大きい場合、反応を終えたあとの天体核は、自重によって光を発しつつ、鉄の核がヘリウムに爆縮する。ヘリウムは陽子と電子がさらに崩壊してニュートリノを宇宙へ放出し、中性子だけがあとに残る。これが前に述べた中性子だけの風体である。これをⅡ型爆発という。この爆発を経た中性子星は重い。また元の星のガスの大きさいかんによって、ブラックホールになる。

40数億年が経ち、爆発した第一世代の星の物質が宇宙に満ち始める。第二世代の星のガスにはこれらの物質が含まれる。最初から炭素12を含む星では、炭素に水素が「2」回衝突して窒素14になる。炭素12の「2」個同士の衝突ではナトリウム24ができる。第二世代の星では、第一世代の星より大きな核が合成される用意がなされている。赤色巨星周縁部のガスの中の鉄などの元素を核にして、天体核から放たれる中性子を結合して、より重い元素ができる。

90数億年ころの宇宙は、系をなすほどに星が満ち始める。宇宙の発生から、いよいよ地球が形成されるまでに物質界は生長する。太陽は、水素ガスを燃料とするエネルギーの放出体だ。太陽は巨大な核融合体であり、その周りに固体が集合して地球ができる。系の8つ、もしくは9つの惑星のうち、太陽から3番目に近いところに地球はいる。

地球の誕生こそ、胎児の誕生である。胎児は地上に、迎えられる。その誕生を卵胞は知覚するだろう。胎児の両親、が送る地球での生活を卵子は刻印する。それから卵子は体細胞群が形成されるままに眠り続け、宇宙を夢見る。その宇宙は地球を生み出し、卵子はまだ地上に迎えられていない。

女児が成熟し、排卵直前に起こされ、こんどは母親となるべき女児の生活が刻印される。夢の中に戻る卵子は、卵胞の成熟を知り、排卵への心構えをする。空へ向かって放たれるロケットは、卵巣から卵子を噴出する。鬼のような生殖器によって、卵子は漿液の海に落とされる。原始の海は、ナトリウムと化学結合をしていない、塩素を含む。地球は盛んに陸をつくっている。体細胞は卵子を、夢見る客として、子宮に招く。星が瞬く闇に、卵子と精子は、宇宙の始まりを放つ。

受精によって卵子は、2度目の目覚めを果たす。「過程」の当事者自身は現世の夢を見、胎児は、地球の生命発生の夢を見る。女児の胎芽の丹田に発生した卵子群も、夢を見る。卵子の夢には、宇宙の時代も、地球の時代も、卵子の時代も、胎児の時代も現れる。

原子にはその原子の歴史がある。穏やかに形成された元素集団は星間を漂う。塵からできた地球は、小さな自火発生を起こし、発生するガスをつなぎとめる。温度の低下した宇宙に接する表面は固形化し、地殻を中から温める火を内部で燃やし続ける星になった。

こんな星に集まった物質の向かったところが、生命であった。宇宙にとり残された素粒子が、物質として、地球まで生長する。その過程こそ地球から生命へと継続され、胎内の胎児の生殖巣の中の卵子には、素粒子から生命までを夢に見る時間と場がある。

生物学では相似する器官に共通の機能を認める。生殖細胞が生命に成長する過程と、素粒子が地球まで生長する過程は相似する。地球は水の星、生命の星へと向かう。

第5章　海洋と大陸

1. 地球の豊富な物質

太陽系を占める元素は、炭素を1とするとき、多いものから水素2・8×10^3、ヘリウム2・7×10^2、酸素の2・4×10^2、炭素およびネオン0・34×10^2、窒素の0・31×10^2と続く。

沸騰する水が地球を覆ったのは、「三つ子の魂百まで」という地球「3」歳のときである。天体にかかわる歴史は億年単位であるが、以下、宇宙の億年という単位を、億という数を省いたうえで「歳」と人になぞらえて表す。

「0」が「8」個並ぶだけで、人の頭は消化不良を起こす。お金では総額4億円に達するには月額40万円の給料で、83年以上働く必要がある。人口でも億を超えるのはインドと中国が14億人、アメリカで3億3000万人、インドネシアが2億7000万人。その4パーセントは1080万人で、それに近いのが東京都の人口1300万人、大阪府で880万人。

沸騰する海は水蒸気が液化するところまで温度が下がる。地球8歳のとき、生命が発現する。「液体の水」が煮えたぎる湯であろうと、生命は、液体の中で生まれた。お湯は温度が高ければ高いほど物質を溶解させる。「気体の水」では、生命は生まれえなかった。水分子が液体である温度は、１気圧下で０度から１００度までである。気圧の低いエベレスト山頂で液体であるのは70度までで、それより低い富士山山頂ではやや高く、87・８度まで液体である。１万キロメートルの宇宙では、マイナス50度でも、気体となって消散する。

水は「１」個の酸素原子を「２」個の水素原子で包む化合物である。水素原子は、水をつくる要素である前に、単独のアップ系三つ巴である。物質という物質は、原子でできており、原子間で異なるのは、アップ系、ダウン系と電子の構成数だけだ。原子番号「１」の水素原子だけが中性子「０」個であり、これが中性子と添わない陽子である。

酸素とアップ系の化合物の集合体は、マグマが地球殻から噴出して地核上に堆積するとき、いろいろな物質を溶解し、海へと育つ。生命は、浮遊する物質から、膜になる物質をつかまえ吟味し、結び合わせる。水によって溶解されない、疎水性の高分子化合物を見出す。水に浮いて、鈍い採光色を放つあの油膜である。

クォークは結合体をつくり、インターフェースができる。４番目のクォークをインターフェース内に引き入れていたら、クォークに変性が起きていただろう。星のガスも最初は中心がなく、集団が一定量を超えて中心周辺に重力が集まったとき、核ができる。地球も外郭は曖昧であったのが、加熱と冷却を繰り返して、物質が固化し表面付近に留まる。星は宇宙に浮遊し、地球の生命は「液体の水」に身を委ね、浮遊する。

生命のエネルギー交換の媒体が水であることを疑う人はいないだろう。生命は油性の膜によって、水に膜の内と外の境界線を引く。膜を通して、内と外でエネルギーの出し入れをする。この境界膜の、両側に水が存在しなければ生命は維持されない。水という物質が生命の舞台である。自分の周囲の全方向に水が存在する。これが生命の基本である。

人の皮膚は、空気に曝されているが、表の外皮は死んだ細胞群である。生命を失った細胞を外在化させ、皮膚より下の細胞は生命を保つ。浮遊する境界の発生と、収集物の発生によって「自分」というものが発現する。「自分」の分が定まるとき、中に存在する物質も定まる。外部からとりこむエネルギーを自在に決める境地が発現する。領域に集めたものを保存し、膜の構成物を維持する必要もある。逆に内側の水と収集物の量が大きくなるとき、境界は大きくなる。収集物を膜外に出したとき、境界は小さくなる。

ひもの両端をつないで円に変えることを結ぶという。膜は線ではなく、面に展開する。膜が結ばれるということは、2次元ではなく、3次元である。糸で布を縫い合わせることに近い。その外部にあるもの内部にあるものに関係なく、記憶を形成し、自分のものにする。その外在するエネルギーをとり入れて排出する。不要なものの排出は、発信にもなる。膜の発生のように画期的な生産をする場合には、試行過程に移行する。生命膜の発生の意味は、「自分」を維持し、「自分に所属するもの」の増減を制御することにある。

この営みは時を区切って、中で完成したものを、それ以降に伝えていく仕組みを派生する。それをコード化したのが、核酸である。生命は核酸という記憶媒体を用いて、まず劣化する自己を回復する。現状を維持するには、最低限のエネルギーを摂取して、消費して、排出する営みを続ければよい。

ＤＮＡよりＲＮＡが先にできたとも、ＲＮＡよりＤＮＡが先にできたともいわれる。ＤＮＡの「Ｄ」がデオキシボというとおり、ＤＮＡは酸素原子が、ＲＮＡ構造より「１」個少ない。酸素が少ないＤＮＡは安定性を増し、一方のＲＮＡは、自己崩壊し自己組成が容易であり、酸素を外に排出し、水を体内にとり入れる。植物系陸上生物への伏線を、核酸の発生にみてとることができる。ＲＮＡのこの性質をついだのが、ＤＮＡを受精の場に送る精子である。

生命は膜を複製する。記憶体である核酸は、最初の膜と、単細胞中に発生した膜で、二重に守られるようになる。これを真核といい、記憶体が侵され難くなる。これで自分の門内に、他人を住まわせることができるようになる。

ミトコンドリアや葉緑素も、主《ぬし》である真核細胞の「水」から二重に隔てられる。自己を形成する膜が「1枚」、海水から共生細胞内に移住する際に、共生先の外膜を膜の内側へ押しこみ、それを纏ってもう「1枚」である。代謝によって酸素「2」個は「1」個の炭素と結合して二酸化炭素となり、それが環境に呼気として送り出される。生命は単細胞の時代から、動物と植物とに分かれ、二酸化炭素を放出する能と、酸素を放出する能を分業する。植物細胞は、呼気に含まれる二酸化炭素の炭素を、光エネルギーによって分離して養分と水を合成し、酸素を産する。

動物細胞は植物細胞を捕らえて「食する」。この食するという行為自体が、外界の情報を得る最たるものである。外から物質をとり入れ、それを用いて、自己を回復する。人が、食べ物をいただく原型である。回復すると同時にその物質の情報を蓄積する。読書をして内容を消化するという謂いは、童心に帰ってものを学ぶことをいう。「噛み砕いて」自分のものにするのは、まさに単なるたとえではない。

地球「16」歳のころ、現在の「大陸の半分」ができる。地球核は成長して、19歳のとき地球磁気が発生する。この磁膜によって、太陽や宇宙から送られてくる磁気が反射され、地上環境が守られる。海の表面近くではシアノバクテリアが光合成をする。地球21歳から26歳にかけて、海水は酸素の溶解量を増やす。

その酸素をまず吸着したのが、鉄原子であった。そのころ大陸はほぼできている。地球26歳から28歳のころ、2年をかけて地球規模で、鉄という鉄は酸化され尽くす。このころの地球生命は18歳から20歳、成人の時期である。酸化鉄は海底に堆積し、いま岩石地帯となって大陸に赤い肌を曝す。鉄はやがて地球生命の血液で酸素を運ぶことになる。

地球の酸素量は宇宙と接する表面と、海水面直下において安定する。酸化の現場である水中においては、成人を迎えた微小生物群が、細々と鉄原子によって残された酸素をとりこみ、呼吸をする。

波は一定のリズムを刻み、いちばんエネルギーの低い波に乗る光子群を、人は緑色という。植物は葉緑素を共生させる。葉緑素が緑色を呈するのは、そのエネルギーの低い波動のみが、撥ねられるからだ。このころから植物は、大陸を伝う真水が海に流れこみ、それによって引き起こされる波から方向を感じていたのだろう。大陸からの水に含まれる砂や粘土は、鉱物の結晶からなる。光子を好きなように屈折する水を嫌って、直射光を求めたのか。鉱物を直接得られる場所を求めたのか、自分を捕食する動物から逃れようとしたのか。

植物の光合成が進み、大気中に酸素が蓄積される。酸素は情報の蓄積と拡散に寄与するエネルギーとなる一方、情報の破壊と更新を促進する原因物質ともなる。「効率」の概念を自分のものにする地球生命は、多様化および複雑化する。

6年から8年が過ぎ、地球は30代半ば、地球生命は28歳となる。細胞は自己を修復するだけでなく、自己の複製をするようになる。外へ切り離した自己をみて、どこが弱いか、どこをいつどう修復するべきかわかってくる。やがて膜内に、自己の複製を滞留させる。その複製細胞と交流を始め、得意な分野を知り、仲間内で仕事を分け合う。多細胞生物の生活が始まる。

役割分担の中には、浮遊する仲間との情報処理もある。外界から入る情報が多様化するのに並行し、細胞間で担当する機構は複雑になる。個体内で行き交う情報量も増大する。多細胞化とともに、情報そのものの重みというものが発生する。「デオキシボ核酸」が「2」倍体化するにもかかわらず、情報の伝達ミスが発生し、情報に依存することへの不安が現実になる。分担を規定するコードが核酸に書き加えられ、それ以降生命の基本である細胞で、「他所からの情報」に全く等しく接するものはなくなる。

多細胞化して2年、生命30歳、地球「38」歳のときである。自分が収集、蓄積してきた情報と、仲間が収集、蓄積した情報を、一つ種の個体間で合体させ、活用し合う方法が編み出される。自由酸素が増加したとき、酸素を自分の中から減らしてみたら、安定する記憶装置となった。あるいは、安定し過ぎて解体も再編成も難しかった記憶の移送や伝達が、酸素をとり入れたことによって容易になったのか、核酸の発生の前後はわかっていない。「２」種の核酸が発生し、２倍体の核酸になり、「２」重の膜で守られるＤＮＡは、減数分裂を生じて、半分になる。細胞のひとつに、情報を交換するため専門のものが発現する。核酸を半分にして、ほかの個体に提供する生殖細胞だ。多細胞生物において始めた分業を、細胞単位から個体に拡張する、この機能を性という。

有性生殖の発現は、地球に自由酸素が行き渡ったことの裏返しである。ＲＮＡが「発動」し、情報を取り出す方法が実現する。これによって情報のみを扱うことが可能になった。性が発現するまでは、「決まりごと」のみを取り出して交換する営みは存在しなかった。性の発現は情報のみを提供する個体の発現であり、この個体を人は、雄と呼んできた。

しかるに情報を合体させる場を削る側は、膜に包んで情報のみを送る。送られた側は情報を自分の情報とともに、合体する場に受け入れる。種を生きるという脈絡で、性は情報の合体を優雅に行う。共有される情報は、性という交流機能を通して、対等に扱われる。

１９１１年、平塚らいてふは「青鞜」の創刊号に「元始、女性は実に太陽であった」と書いた。後にらいてふはこれを訂正するという経緯があるが、事実、太陽は元素記号表の水素「１」でできている。

水素「１」から、ヘリウム「２」に移行する物質は、核子数「３」個の開きがある。重水核がつくられ、物質はヘリウム核までいたる。中性子は、燃え尽きる水素の陰に隠れ、安定する生活を希求する存在として、原子に階段を上らせてきた。地球という燃えない星の、化合の世界に展開する生命に、性として男性性が発現する。中性子はダウン系の化身として現れ、化合の世界に材料を提供し、生命に発現した性に、結合の必然性を映す。

性の発生の真意は、個体がもつ情報を、異性個体間で共有することである。地球８歳のとき生命が発生して以来、性が発現するまで30年を要した。地球38歳、宇宙１３０歳。自己修復と自己分裂を繰り返すだけの、性を必要としなかった生命は性という方法をとり入れたのである。

性は方法であるゆえに、生命と異なる次元にある。個体の生命維持に関係なく、種の保存すら、性の目的ではないのである。性的な活動によって、性的な肉体が生命に発現するのではない。従来の生命を継ぐ生の営みに、新しい方法が襲う。寿命を生きる、という全うな手続きを踏んで、情報は収集される。「2」個体が収集した情報を融合させる目的において、情報の価値は一切対等であり、性差は問題にされない。その情報には情報の収集方法や融合方法の違いに加えて、その違いを認識する認識方法が異なることすら含まれる。

地球は、宇宙の発生以来の物質の流れを継いで、生命を展開する。クォークは過去を持ち、ほかの物質と結合する形を追求するしか、宇宙での自己の運命を解く鍵はない。膜を形成して、物質を囲いこむことによって自己がつくられ、「食」の原型はそこから派生する。「食」の変化、発展した形が、性である。まさに食事と性事に共通するのは、「分析」と「統合」の二側面である。生きるための「情報」が抽出され、複数を合わせ、生命に戻す。

その3年後、地球41歳で脊椎動物は発生する。海水における生理機能が発達する一方で、体の表面を固い殻が支えていた代わりに、体の中に骨格ができる。体の表面が柔らかくなり、外へ向かって表現をする幅が広がる。生殖活動は多様性を帯びる。

41・5歳、動物に先んじて植物が上陸する。34歳のころから、陸上で光合成が行われていた地質学的な証拠はある。だがその微小生物の試みは大気の構成に影響を与えなかったようである。「つまむことのできる夢」の地質学的上陸が始まる。生物の上陸とは、ノルマンディー上陸作戦のように、道具を使って海上を移動し、交通手段から降りて、陸上を歩くことではない。水に遮られることなく太陽光線を浴びることを欲した藻類、海中を浮遊する生命は、河川水に適応し、変態しつつ地上に固着し、酸素を含まない当時の大気中の二酸化炭素を使い、湿地から順に川原へと広がるのである。植物の才覚によって、地球はまず緑に覆われる。植物は自分の表面を固化しながら脱塩化をして、体内の水分調整をする。

窒素と二酸化炭素で構成された大気組成は、それから3年半後に変化が現れる。植物は天敵の動物を海中に置き去り、のびのびと生活をしたようだ。植物が上陸を果たして0・

9年、酸素濃度が上がる。先述の羊歯も早いうちに上陸した植物である。杉菜の茎は現在、直径2から2・5ミリメートルだが、当時は30センチメートルあった。42・4歳のころに巨木が森を形成する。脊椎動物が上陸したのは身を隠す森ができたころである。脊椎動物に幼生の間は水中で鰓《えら》を使って呼吸し、成体になると肺が生じ上陸する両生類が発現する。死ぬまで湿った陸地を生活圏とする。42歳のとき昆虫が発現し、44・7歳には植物に花が咲き、被子植物が発現する。43歳前半には、酸素濃度は現在の21パーセントより高い35パーセントを示す。酸素が増大する一方で二酸化炭素が希薄化する。

緑の大地に上った脊椎動物は両生類ばかりではない。魚類も、水中にありながら植物を追う。海水ではなく、淡水を古代魚は生活圏とする。棘《きょく》魚類に分類される魚は肺をもって自由酸素O_2を吸った。これらの魚にとって、肺呼吸は鰓呼吸の補助機能であった。酸素濃度が小さくなる方へ変化したとき、海へ戻ることを選び、いまは絶滅する。そののちに発生した条鰭類《じょうきるい》の魚は現代に連なり、鯵などは肺呼吸をしない。肺は魚類の浮き袋となって残り、遊泳の機能を補助している。

水中を浮遊している間は、植物と動物は、それほど違わなかった。海の生活は、全方向的だからだ。原始的ながら動物の中に固着するものが出てくる。胴体を垂直に立てて、流れてくるプランクトンを捕獲する。大気下に移行した植物は、根を形成して大地に固着する。生命は細胞レベルにおいて、植物と動物の本領をよくみることができる。有性生殖において、１ＮのＤＮＡを両親から「１」組ずつもらい体細胞がつくられる。動物の体細胞は役割分担をしたあと遡行性はない。植物細胞はその２ＮＤＮＡに加えて、本来兄弟姉妹をつくる２ＮのＤＮＡを、ひとつの細胞内に同居させることができる。これを倍数性といい、植物細胞の全能性と無関係ではない。これは固着して巨大化する植物が備える特性である。

自由酸素が生命に与えた影響は、魚類や植物ばかりではない。生命史は自由酸素を追って陸の上へ進出した。大気を飛行する鳥類は両生類から派生する。鳥は酸素を産する木の上へ、巣をつくる。濃度のより大きな枝に包まれるように産卵し、葉間に埋もれることによって天敵から身を守る。鳥類は対流する酸素を求めて、飛翔能力を身につけたのではないかと想像する。

哺乳類も、鳥類と一緒に樹上を生活の場とする。脊椎動物が上陸してから１・４年、地球43・８歳のころ、哺乳類は小型で発生する。魚類や鳥類は体の機構を環境に応じて変えたのに対して、哺乳類は子どもを育てる体の中の機構を変える。水生卵、陸生卵から、次の着生卵。両生類は手足を使い、尾でバランスをとって木を登る。飛びまわる鳥から逃げられないのなら、体の中で卵を守る。哺乳類は末端機構である手足の指や爪を発達させる。足で体を支え、手で枝をつかみ、木の実をとり、子どもを抱き、ものを「運ぶ」という概念をつくる。
地球44歳のころ、酸素濃度は12パーセントにまで減る。酸素分圧は現在の1・5倍あったところからその半分になる。巨木を支えたのは細胞を木化するリグニンであった。この負の大気変動をもたらしたのは、木化した植物を分解する菌である。菌が、植物の巨大化に終止符を打つ。生命が水中にある時代、酸素を生んだのは微生物であり、地上を緑で覆ったのも、最初は微生物であった。その微生植物が地上で大きくなり続け、酸素を大量に供給した。酸素の大量生産に対抗する生命体が、菌であった。生命の基本にいる微生物という存在が、個体の組織下および個体群の巨大化、先祖返りを促す。世界は、緑の解体を、動物の分解に同じく、菌に任せる。

前述したように、酸素濃度35パーセントの世界を知った魚類は、肺を得たのにもかかわらず、本来の自分に立ち返る。高濃度の環境がいつか戻ると期待し、現状をただ受け入れた魚はやがて滅びる。海に戻った魚類は、両生類からみれば後退に映るかもしれない。鳥類からみれば、手足を使って木を登る哺乳類は、後退に見えるかもしれない。だが生命史は、魚類も哺乳類も否定しない。生活条件による限界は、生命の多様性と表裏の関係である。

後退を選び、海に帰った魚類には、やることがあった。かつての快適さを追求しつつ、その記憶を消化し自分のものとするための努力である。そうして後退の中に進歩を見出す。水という物質に体を支えられて生きる道を守る以上、肺を浮きとして残し、泳ぐ抵抗を減らすのである。

実験が可能な環境が整うことによって、進歩への可能性が開く。生命の発生自体、実験の連続である。実験とその結果は、進歩そのものではない。進歩は、安定した環境を想定し、そこへ行くことを欲し、その自分とその環境を結ぶ能力の開発である。

哺乳類は咥えることのできないものを、体を預けた足で立ち、手に持つように変えた。空の手にものを固定する。二足を交互に前に運び、そのものをある点からある点へ移動する。その結果、最初の地点ではないところに残るものによって、地点と地点を結ぶ概念が生じる。移動した先で、ものに働きかけた無形のことから、働き終えた無形の形が返る。これを自覚することが概念化という現象である。

「0」から出発した進歩の営みは、運ぶべきものを空間と時間を越え、現在に「0」として挿入し直す能を与えた。人の体は60パーセントが水である。生命は海で生まれ、海を生活圏として年月を過ごす。人は、水を体内にとりこみ、その水を運ぶことを可能にしてきた生命の38年の歴史の結果である。水を飲めない状態が数日続いても人は生きる。水に対しては、生物の命はよく担保されているのだ。それに対して酸素に対してはまだよく担保されていない。酸素がない場合、人は数分で死ぬ。酸素なしで生きられないのは、生命が放散してから4年しか経っていないことと関係があると思われる。

大気に酸素が増加し、自由酸素が発生してからの生命史は全体の10・5パーセント、宇宙史の2・9パーセントを占めるだけである。生命が生まれた水の中を、私たちは「生命の誕生」の場と認識し、水に生命の原点への憧れを重ねる。だが植物であれ動物であれ、陸上の生活を始めた生きとし生けるものは、もはや水中に没することは、生きていけないことを意味する。人は酸素に対して、強力な依存関係にあり、酸素の利便性は危険とのバランスである。体の各部位にエネルギーを供給しないことには、脳細胞ひとつ稼働しない。体内の第二次分解で酸素が燃焼されるのであるが、大気中酸素を利用して生きる生命の経験の浅さが、体外に酸素が枯渇したとき、危険に陥る時間の短さに現れる。

雑食動物である人は植物や動物、ミネラルと、あらゆる生命および物質をいただく。燃焼させたり発酵させたり、体の外で、分解作用を行うことを学んだ。外在化させたエネルギーを加工して保存し、好きなときに利用し、自分のエネルギーを使うことの代わりをさせることを学んだ。人は食材の生育を人間の都合に合わせてきた。食材や鉱石を加工するには燃料が必要であり、その燃料は生の植物であったり化石化した植物であったり、生の動物の油であったりする。燃料の分解現象にも酸素がともなう。人が身に纏う衣服にしても、水と酸素にかかわらないものはない。その生命の陽子と酸素とのつきあいは、宇宙がアップ系の元祖を得たときからのものなのである。

宇宙は現在「１３８」歳といわれる。「１３８」を「３」分割するとき「46」を得る。宇宙の「３」分の２の「92」歳のころ、太陽系に地球が出現する。それからちょうどさらに「３」分の１が過ぎ、地球は「46」歳である。核ができて、その核がマントルから分離するときは地球の誕生と定義される。その地球の周囲にマントルから抜ける水蒸気が留まり、あるときある惑星が、マグマの海をかすめつつ衝突する。地球につかず離れずの宇宙に、地球の衛星、月が発現する。

地球の直径は１万２７４０キロメートルであり、この直径を「30」倍した位置に月はある。太陽は地球と月の距離を「３９０」倍した位置にあり、太陽系でもっとも遠い海王星は、地球と太陽の距離の「30」倍先の45億キロメートルにある。太陽の重力がそこまで及ぶということである。その太陽は、太陽系全体の質量の99・８パーセントを占める。46年前と比べると太陽の光球は「30」パーセント明るくなった。太陽が地球に送るエネルギーは、年間５４０万エクサジュールという。その宇宙エネルギーは大気中の電子、オゾンおよび酸素によって吸収される。地表に届くのはその半分の、２７０万エクサジュールである。植物がその約０・11パーセントの「３０００」エクサジュールを吸収する。植物の体には年間吸収量のおよそ8年分、2万5000エクサジュールが蓄積される。人が年間に消費するエネルギーは「400」エクサジュールであり、その中の食料消費は21エクサジュールという。（武石礼司『地域エネルギーと森林バイオマス』所収「森林バイオマス」、2003）

地球と太陽を結ぶ線に、月の公転軌道がぶつかるとき、月は地球に影を落とす。これを新月という。地球の半径が6370キロメートルで、月の半径が1371キロメートルのとき、月の半径は、地球の半径の21・52パーセントである。太陽と地球の距離を勘案して、太陽から地球に届く光線は平行であるとするとき、月が太陽光を遮る面積は、地球断面の約4・6パーセントである。

ニュートン派の力学では物質を外から求め、その中心点に物質を代表させる。物質の動きはその中心点から、あらたな中心点への移動としてとらえた。素粒子理論では、物質の内部に入りこむ。粒子の内部構造にほかの粒子が存在するか調べ、内部にほかの粒子がない粒子を、素粒子とする。内部に空間があってそこに粒子があるとき、その空間を維持する機構と、その粒子がどうやってそこへ入ったのかを調べる。

素粒子は物質が発現したときの宇宙を伝えるのである。素粒子には高熱の宇宙の記憶が備わっている。素粒子は結合して三つ巴となり、集団としての姿を纏った。核子は結合した素粒子による一単位の三つ巴として認められる。素粒子を結合するグルーオンの存在を数えれば三つ巴は〝四つ巴〟である。グルーオンを支障なくとり除いた場合、陽子においては自重の45・9倍、中性子においては自重の36・72倍のエネルギーを取り出すことができる計算になる。

地球の表面が、マグマから海へ、海から大気へと相が変わるように、三つ巴の発現は同時に、それまでの宇宙とそれ以降を画す。それ以前の宇宙は、クォークは単独でしか存在できなかった。物質は、クォークが「1人」であった瞬間の記憶を思い出して、そのエネルギーの高さによって破綻をきたすことがないように、何百倍ものエネルギーをかけて、その記憶を隠す、覆いが丹念に練り上げられ、陽子と中性子の中には結合とする、という行為記憶が収められる。素粒子は、安定を得るために、外部とつながる方法を自分のものにする。

この基調は核子に刻印され、三体として空間を占めると同時に、宇宙において集団から集団へ移動する機構となる。その方法は核子の形に現れ、自らのその形に魅了される両者は、クォークを存在せしめた力を解く宿題を忘れるかのようだ。物質と反物質は、宇宙の本流へと消え入ることに反抗するかのようだ。

ロケットのジェット噴射は、電子が核子を周回し始めるときの温度、「3000」度に設定される。これ以上の温度では電子が原子核を離れ、ロケット部品を構成する物質は破損する。この温度下で人は、地球の重力を振り切るのである。人は宇宙の生んだ物質の水と酸素を基調とする生活を謳歌するばかりで、もてるエネルギーの何万分の1すら利用できていない。

物質界は電気力が働く世界にその多様性の華を広げる。アップ系の電気力があって、人は人たりえる。この物理学的核子は、すべての物という物、細胞という細胞、原子という原子にある。体細胞の生物学的核にも、その核の核膜をつくる高分子化合物の中にもある。それにもかかわらずアップ系に引きつけられる電子が、1836倍ある物質量に落ちて溶解することがないという謎も解けていない。アップ系ならアップ系、ダウン系ならダウン系の性質を変えずに、表す方程式はないのか。

元素記号表のトップランナー、Hは、アップ系三つ巴である。その周囲を電子「1」個が、光子をお手玉しながら走る。光子は多ければ多いほど、アップ系の胸元が光る。光は細い糸となって、三つ巴にグルーオンと電子を加えた、〝五つ巴〟のインターフェースを縫う。電子をまとうアップ系は化合の相を手に入れ、電子のお手玉を受け、物質の未来は明るくなった。化合の可能性は、アップ系に由来する光子が縫い合わせる無限の力に由来する。物質でできている人の目は光子に反応する。光子に反応しない暗黒物質は、私たちの目に入らない。

光子が宇宙で自由を得て、宇宙が化合の相にいたるのは「38」万年。生命が発生してから の38年と同じ「38」である。光を手にしたアップ系は女性に相似する。「過程」の当事者も異性と結合をする。「38」万年よりも前、数十億度下で、ダウン系とアップ系はいちど独特なバランスを形成する。暗黒の太陽系に太陽は光をもたらす。太陽という高エネルギーの星で、電子をまとったアップ系は結合を重ね、ダウン系を加えてヘリウムを合成し、太陽光という高エネルギーの光子を放つ。

ダウン系は男性に相似する。ダウン系は結合によってのみ自身を維持し、結合しないときはエネルギーを放出してアップクォークに転じ、独特なバランスにおいても、安定する形と場を求めるダウン系の欲求は解消されなかった。「38」万年より前に起源をもつ重水核は単独で存続できなかったのである。

独特なバランス以前の三つ巴の質量差は「3」電子相当分である。アップ系およびダウン系はグルーオンを含めて四つ巴となる。独特なバランスにおいて、素粒子は結合数「8」個を実現し、この結合によって電子「4」個相当の光子が放たれ、両系の間の欠落の三つ巴を解消したうえ、結合前と比べて「1」個相当減ずることになる。

ふつう物理学でいわれる「8の壁」は、ベリリウム8核が星で合成されることをいう。

宇宙1・8歳のとき、それだけの数の粒子が結合される環境が整うのだ。四つ巴としての核子を物理相としてとらえ、物理相において両系が1対1で結合しても安定を得られなかったことに注目をする。素粒子数の「8の壁」を達成しても、生命につながることがない。独特なバランスにおける欠落「1」は、ダウン系の自己生存における結合欲求の残存とみることができる。

独特なバランスは、「発動」の当事者の異性との結合の仕方と、「過程」の当事者の異性との結合の仕方が異なることと重なる。異性を欲求する基本のなにかが違うのだ。恋はせども、物理的に結合せども、男女二人だけでは社会から孤立した生活を生きられない現実を映す。

元素記号表の「1」に陽子「1」が加わり、ヘリウム4核ができるときまで遡る。欠落の「1」を共通にもつ独特なバランス2つが結合する。アップ系が「1」個増えるとき、ダウン系の不安定性が吸収される宿命的な出会いとなる。ダウン系の欠落「1」を抱えた同じもの同士が仲間を得てみられる安定であり、これ以降核子の結合や転換にかかわる。

だがヘリウム4核は、生命活動に接点をもつことはない。独特なバランスの物理相は、生命にとっての化合相において、独特なバランス以上の素粒子の存在方程式を得ていない。ヘリウム4の「4」は核子数の「4」、クォーク数は3倍の12個、アップ系「2」個分の電子を加えて14個。

宇宙物質が質量比で「4」分割されるとき、ヘリウム４核は、星で「4」倍され、酸素「16」核ができる。ヘリウム４が独特なバランスの「2」倍体であるとき、酸素核はその「4」倍の８倍体である。酸素核は大きいと同時に、「4」という安定数を映す鏡でもある。酸素は中性子やヘリウム４とまた違う、安定性を実現するのだ。中性子の二つ巴を経たダウンクォークが、独特なバランスも経て次の次元の結合を得る。酸素という核においては直方体の８つの頂点にダウン系が位置し、ヘリウム４が四角状に配置される、四角形の相似をなす。

ふつうの水を理解するには、宇宙「38」万年、水素原子が発現した経緯がヒントになる。アップ系は数十「億」度においても、単独で存在する。そのアップ系が「3000」度で電子「1」個を引きつけ、五つ巴になる。それ以降宇宙は化合相を得て、現在は宇宙の温度はマイナス２７０度まで下がっている。独特なバランスである重水核は、結合子も加えて素粒子数「9」になることができるようになった。化合相で独特なバランスに電子「1」個が加わり、両系は結合欲求の差異が近似「0」となる。

低温核融合の実験では、ふつうの水ではなく、重水で結果が出る。欠落の「1」が核子の結合系に揺らぎを生じ、ほかの物質に核転換を起こさせるのかもしれない。員数構成が均等であるからこそ、ダウン系の結合欲求は生命にとって、「巨大な力」となる可能性はある。

化合相における酸素は、周囲のものを結合し、自分の懐において安定させる。一方その安定性は化合体から物質を奪う力となり、酸素に依存する生命にとっては不安定性となる。ダウン系の不安定性が、ここではひとひねり加えて着地する。生命の脅威は、死体をも片付ける生物による分解と、酸素が結合することによる分解である。

酸素がアップ系を結合するのも、その結合力のひとつであるといえる。そうしてできるH_2Oは酸素「1」個と水素「2」個の化合物である。同時に水素結合の結合力でもある。水分子の三つ巴の個数を元素別、酸素対水素でみたとき、16個対2個である。素粒子数では48個対6個で、「8」対「1」である。酸素系の風体に対して、水素系は小隊であり圧倒される。だが元素を「18」個の核子にバラすとき、ダウン系、アップ系別は、「8」対「10」に逆転する。クォーク総数54個では26対28、電子「10」個を加え、素粒子数「8」の2乗の「64」個を得たときは26対38である。

水分子のアップ系は、独特なバランスの中のダウン系の安定を、ただ支える存在ではない。酸素のダウン系は独特なバランスが近似「0」をとって安定し、そこに水素2個分の質量、1836の2倍の3672電子相当が安定する力となって働く。アップクォークはダウンクォークを包む。さらに水素においては、アップ系が電子という薄衣の下から電気力を発する。水のある世界でアップ系は「水を得た」魚のようになる。

2種間の差異が「0」になるシークエンスを求めてきた素粒子は、結合することによって宇宙の方程式を解けるのか。生命は、宇宙を踏襲するならば、独特なバランス以上の均衡は必須である。独特なバランスは近似「0」でしかない。独特なバランス+電子の「7」の結合は、次のステージに移行しうるほどに解明されていない。ふつうの水は、ダウン系とアップ系が、それぞれの結合の仕方を提供して結ばれた物質であり、これを生殖子のDNAが、対等の立場で結合することの現れであるとする。宇宙は、地球を介して、水に生命を用意する。

水はその力を化合において発揮する。物質の優れた媒体となる水分子は、アップ系の性質を組織に受け継ぎ、化合界の生命にアップ系の力を注入する源泉となる。水は温度への感度がよく、狭い範囲で三態に変化する。生命は水の三態を、相似形としてとり入れる。生活圏の大気はマイナス50度からプラス40度までの開きがあり、生命はそのおよそ100度の温度差を生きる。人は水60パーセントの体を、「36」度から「37」度、誤差「1」度という範囲に維持する。水には「4」度で体積が最小となり、それ以下では体積が拡大する性質がある。固形となる「0」度以下の相では、恒温動物である人の体は動かない。

似るということは不思議なことである。自由電子は、水同様、電位の高い方から低い方へ流れ、電子が動かず電気が通わないとき、化合物は安定する形をとる。低温下で体が動かないとき、目に映る記憶量は小さくても、「目に映らない」記憶量は大きい。

地球「3」歳のとき海が発現し、地球が太陽の周りを「38」万回まわる時間に、「1」万回分を乗じる「38」億回まわったとき、生命に性が発現する。宇宙から見た地球は青いヴェールを纏い、「水の惑星」と称される。太陽は地球と月を生み、水素1をヘリウム4に結合し、月と地球は「マグマの海」の上に「水の海」をつくり、その海にマグマが降る。太陽エネルギーは地球の水に対流を起こし、薄衣と地上との隙間に、ヒトが息づく。

足が痛むとき、いまいる所から目的のところまで歩くのは、最短距離を図ることだと痛感する。体も心も苦悶するとき、両親を慕うように、風のそよぐ中、湖水を求める。この薄衣が地球と呼ばれる星を育ててきた。地球に水が発現する「3」歳と、情報の結合が実現する「38」歳の2地点を結んで得られる生命の直線は、2地点目以降いまだ「8」年しか伸びていない。

地球「8」年に生まれた生命は「38」歳を迎え、60億を数える種のひとつに「37」兆個の細胞を組織する「1」個の受精卵を用意し、ヒトの胎児は「38」週間、子宮の羊水の中にいる。1週間は「7」日である。「発動」の当事者と「過程」の当事者が触れるとき、体に溜まっている静電気は、「発動」の当事者から「過程」の当事者に流れるという。生命は大気を纏う地球で、核家族という枠のもと、マイホームの夢を見る。地球の水の中にいる独特なバランスは、アップ系の電気力を活発にし、次の構成物に電気を送りこむ潜力となる。

古生物が上陸した直後、生命は放散する。巨木や恐竜は、大きさが特徴の、ダウン系がもつエネルギーの大きさが生命に現れたものであるといえる。性が発現してから「８」年経っても、「７」以上に精緻な素粒子の結合は、生命に発現していない。

2. 性を開く

地球上の生命は、「1」つのコードに基づいてDNAを展開する。その生命は水素という核子を通して、地球史や宇宙史に連なっていることをみてきた。性の発現にクォークが寄与し、その性質が物質に組織化されて再現されると仮定する。その性質の差は近似「0」の範囲に限定され、ヒトの両性は、この微小な違いを発現させる。極小の差異の向こうに、お互いに自立する、根本となる共通性を見出すために、いちど現代の生命に目を戻す。自然における性現象を通して、性という概念をとらえ直す。

卵管采はイソギンチャクや羊歯の葉に似ていると述べた。卵子の子宮の入り口に、ヒト以外の、地球の生命に相似する器官があるのである。この卵子を招く機能を有する生物が示唆するのは、性生態の不安定さである。動物には無性生殖の生物は珍しいが、植物には多い。植物である羊歯は前葉体（1N）と胞子体（2N）の生活態を交互に送る。動物であるイソギンチャクは、有性生殖と無性生殖の両方を生きる。無性生殖の多くは無性とはいえ、ライフサイクルの中で有性生殖を行う。生物が無性生殖をするときは、共通して表面積を大きくし、ものをなるべく多くとらえようとする。動物の性質の属性である性欲は、有性生殖生物において、異性をつかまえる動きになる。

「4」つの性や、「7」はたまた「14」の性をもつものがある。14の性をもつゴマシオカタホコリという変形菌では、性の意味は「ミトコンドリアのＤＮＡを子孫に伝えること」（畑中正一『ウイルスは生物をどう変えたか』１９９３）である。仮に14の性を「い、ろ、は……」とする。「い」はいずれとも結婚ができ、その結婚では「い」のミトコンドリアが優先される。「い」同士が結婚した場合、どちらが自分のミトコンドリアを残すかわからない。「ろ」同士の結婚ではどちらか不明だが、「は」以下11の性に対して自分のミトコンドリアを残す……というのがこの変形菌の世界だ。変形菌は、ライフサークルの一定の時期に移動して、菌などを捕食するが、これを変形体という。その変形体は細胞原形質が融合した多核体であり、これは第3章で述べた、受精卵から発する栄養膜合胞体に相似する。変形菌は有性生殖と無性生殖を繰り返す生物であり、変形体が成長して1Ｎ胞子を飛ばし、これが多数の性を体現する。胞子が鞭毛細胞またはアメーバ細胞に発芽するのは、まさにヒトの精子と卵子に相似する。

反対に性の数が少ないものをみてみよう。西洋ミツバチは一人半の性といったところである。王台に産みつけられるものは、ローヤルゼリーで育てられる特権を有し、それによって女王バチは発生する。女王バチと働きバチの違いは体格のみなのである。消化のよいローヤルゼリーという栄養食による2倍の体格の違いは、出産する子どもの性の違いとなる。体格2分の1の働きバチは、出産期を迎えると、受精せずにDNA1Nのオスの卵を分裂、成長させる。

「染色体X」の無精卵1Nから生まれる西洋ミツバチのオスは、生殖子を女王に与えて一生を終える。オスバチと女王バチは巣の外に飛び発ち、空中で受精する。「染色体XX」2Nの生殖バチに「染色体X」を渡したオスは、生殖器が千切れ地上に落ちる。女王バチは次々と受精をして、体の中に複数のオスの精子を蓄える。女王バチは元の巣に戻る場合と、新しい場所へ飛び、ひとり巣作りを始める場合がある。女王バチが産むのは「染色体XX」のメスである。女王バチに精子の蓄えがなくなったり、女王バチが疲弊したり、環境が悪化したりすると、働きバチは巣全体の条件の悪化をみて、世代交代の時期を決め、王台を用意する。ミツバチの性は食の「経済」と同次元である。DNAを必要とするときにオスを産むのは性の「経済」である。食と生殖は同義であり、その社会は生産と消費の合理的なモデルである。

「無」受精卵の王は、陸生卵である食品の玉子である。トリの玉子は、市場に出回っているほとんどが無精卵であり、食用になるのは、その固い殻に託された胚とその栄養分である。家畜のニワトリは卵用種であり、メスは１・３日おきに卵を産むように、交配改良されている。オスは種鶏など特別なものを除いて、選別され、孵化後数週のうちに殺される。

植物の場合、種子が固い殻に覆われたものは、数カ月どころか、何百年、何千年と保つことがある。胞子植物である羊歯は前葉体と胞子体の期間を交互に過ごし、有性生殖と無性生殖を使い分けて、環境の変悪に応じる。被子植物は、有性生殖をして繁殖した後、種子のまま、固い殻にこもって身を守る。

故郷の河川水を、身を守る殻の代わりにして生活するのは、川にいるマスである。マスの産卵は、川を遡上する魚の一世一代の晴れ舞台である。マスも西洋ミツバチと同じように、個体維持は系統維持にまでもち越され、狩りには得意不得意があり、体の大きくなったものは川を下り、海原へ泳ぎ出る。海に出ない個体群は、色形も別種のようで、生殖をしない代わり、越冬をして何年も生きる。同世代でも体格の違いが成魚の身丈と親子ほどに異なる。

故郷の河川水を離れ大海を旅するものは海の豊富な栄養で成長し、数年後成魚となって河口に戻る。個体維持から系統維持へ生活が切り替わり、それ以降川では摂食をしない。危険を冒して清流を上り、尾鰭で川底の小石を掘り、産卵および受精をし、それを掘り返した小石で覆い、川で朽ちる。魚卵は川水を産衣代わりに孵化を待ち、稚魚は卵の栄養で育ったのち、川から餌を獲るようになる。

ミズダコは、岩の下に卵の房を産みつけたあと、そこから動かない。人がイクラや筋子、明太子やカズノコを好むように、あらゆる生物が、他者の単細胞を好む。卵を守るのに忙しく、個体維持にかまけている暇はない。孵化の時期には体表は白くなり、卵に刺激を与えて子どもが泳ぎ出すのを見送りつつ、命尽きる。

クジラは海に戻った哺乳類といわれ、出産は南半球で、子育ては北半球で行う。子どもが泳ぎを覚えたころ、ほかの家族と一緒に北へ向かう。親クジラは絶食したまま、子どもに母乳を与え続ける。海流の合流する餌の豊富な海域で、栄養をつけてまた南半球に戻る。クジラの体の大きさには子どもに栄養を与えるだけのエネルギーを蓄えるという意味がある。

最後にタツノオトシゴをみてみよう。タツノオトシゴは魚類であるから水生卵であり、子宮はない代わりに育児嚢がある。恋の相手を探すころ、腹部に半透明の袋が下向きに膨らんでくる。育児嚢の内部には性腺があってそこから袋の中に生殖子が放出される。もう一方の性は輸卵管を備えていて、育児嚢に生殖子を注入する。卵の注入を終えた性は、次の恋の相手を求め、泳ぎ去る。育児嚢を持つ側の性は、受精卵が稚魚になるまで育て、あの独特な尾鰭で海藻につかまり、いきんで育児嚢から稚魚を海へ出す。タツノオトシゴではこちらがオスである。魚類は尿道と生殖管が一緒であることを前述したが、魚には、性別がその時々で変わる種もある。卵を保護するか否かではなく、生殖子が卵であるか精子であるかをみなければ性はわからない。

改めて生命にとって、系統維持によるストレスがいかに大きいかを知る。人の体はニワトリより大きく、クジラより小さい。体格を構成する細胞は11兆個あり、ヒトほどの大きさがあれば、個体維持の努力をしなくても２、３週間は息絶えることはない。人は妊娠ストレスを体の規模に吸収した。ヒトは個体維持をして系統維持をすれば、個体と系統維持の両方を継続的に行うことができる。

計算上現代のヒトは、一生で45人の子どもを産むことができる。マスやミズダコは系統維持に関与するとき、個体維持を断念する。「ニワトリが先か卵が先か」しは、個体を守るか子を守るかを問うことであり、ヒトはこの問いに適応する。それでも「過程」の当事者は閉経することによって、系統維持に区切りつける。晩年の個体維持力しは、原形質を提供する「過程」を全うできない。「発動」の当事者には終生、系統維持し個体維持が残るのとは異とする。

一生を海や川で過ごす魚類は、数の大きい卵を水中に産みっぱなしにする。水中で受精もする。多くの魚類の子どもたちは、卵にあるうちから自立を迫られ、海水という生活圏が親の代わりとなって、受精卵を保護して育てる。親は海の流れに「散乱」させることで、他の魚に卵が捕獲されることを避ける。タツノオトシゴが、育児嚢で子どもを育てるのから性別を判断するのは困難である。その姿形は知恵と権力を象徴する龍に相似する。その「竜の落とし子」が人と、生殖の役割分担が逆であるというのは示唆的である。

1億年の葛藤を経て上陸を果たした生物は、一見魚のような水中での系統維持に背を向ける。上陸後の生命活動では、体の外に大気があり、水の所在が逆転する。体の中に水があり、体の外に水はない。草食動物である鹿は出産後、後産を食べる。天敵に自分たちの居場所を知らせる臭いのもとを残しておく手はない。それを洗い流す水も方法もない。草を求めて出産直後から子を連れて移動する以上、消耗した体力を早急に回復して、直後に始まる授乳のために体力を温存する必要がある。ヒトは体に水をとりこみ、のちには体毛すら脱ぎ捨てて、柔軟な皮膚を得て発汗機能を備えると同時に、体を守る衣服を発明し、環境に対する自由度を増加させた。

本来発情期はその種の生活に即した、数カ月、1年、もしくは数年という周期が決まっている。季節の変動に基づいて食糧の捕獲に従った生殖活動をしなくては、種の系統を維持できないからである。上陸生物でも、個体から個体へ生殖子を渡すときには、生存能力の低い生殖子に、栄養とともに水を与える。その工夫は雨量という気候の変動にかかわらず、1年を通していつでも成熟するヒトの生殖子のやりとりに結実したといえる。環境に頼らなくても、系統維持をできるように偏向されてきた。

生殖環境からの自立をヒトに発現させるべく、個体の性欲は強化されたといえる。系統維持を中心とする生活から、個体の温存の実現と同時に、系統維持と個体維持の境界を曖昧にした。結果的にそれは大脳の発達につながる。

魚類の生活圏である水中において、酸素の容量には限りがあるが、大気中においては20・946パーセントの酸素が含まれる。陸上の脊椎動物は大気中に酸素を得て、類い稀な自己変化能力を身につけたうえ、表現能力を手にする。表現能力は移動能力につながり、生活範囲の拡大と並行して、生殖活動にも変化は及ぶ。

第4篇　人間にとって自立とは何か

第6章　山と宇宙の相似

前章では性が二つに限られたものではないことをみた。生命は、個体を維持するエネルギー源に応じて、生殖の時季を決め、種によって性の形を変える。それほどに生命は自然環境と一体化しているとき、およそ「7」日間にわたって浮遊する卵子をさして、環境から自立するといえるのか。物理的にチューブでつながれていないから自立しているといえるのか。人間は経済的に独り立ちすることを自立というが、金銭で縛られることのどこが自立しているというのか。生殖子が、菌の侵入を塞がれた水の中にいて、その密閉空間を供する個体との関係は、なにを意味するのだろうか。

独特なバランスの9つの倍数体

現在、海水は地球表面の70パーセントを覆う。地球の大気は水蒸気を平均「0・4」パーセント含み、最大「4」パーセントまで水の密度は上がる。

大気中の水素ガスは0・00005パーセントである。それに対して酸素は20・95パーセントを占め、大気にいちばん多く含まれる窒素は78・08パーセントを占める。ほかにアルゴン0・93パーセント、二酸化炭素「0・04」パーセントがある。炭素は単体では大気中に存在しない。

元素記号表に確認されている１１８種を、独特なバランスの倍数体でみていくとき「９」つある。それらを小さい方から並べる。原子番号は元素名の前に置き、物質名の後ろの数字は核子数を表す。（　）の中の核子はクォークと電子を合わせた素粒子数で、独特なバランスの構成数「７」に、原子番号である陽子の数をかける。２ヘリウムと10ネオンの希ガスを除くとき、独特なバランスの倍数体は「７」つある。

２ヘリウム４（14）、６炭素12（42）、７窒素14（49）、８酸素16（56）、10ネオン20（70）、12マグネシウム24（84）、14ケイ素28（98）、16硫黄32（１１２）、20カルシウム40（１４０）

人体の構成原子の重量比

人体を構成する元素を、多い順に「７」位まであげる。上位「４」位までの酸素、炭素、水素と窒素で体の96パーセントを占める。人体にはほかに金属元素などが含まれる。

8酸素（O）65パーセント、6炭素（C）18パーセント、1水素（H）10パーセント、7窒素（N）3パーセント、20カルシウム（Ca）2パーセント、16硫黄（S）0・25パーセント、12マグネシウム（Mg）0・05パーセント

この「7」物質中6物質までが、独特なバランスの倍数体であり、倍数体ではない「1」つは水素である。人体の主要「4」元素は、宇宙の物質の上位6元素に入っている。物質が多く存在するということは、供給が安定するということである。希ガス以外の倍数体中で、人体に含まれないのは14ケイ素28である。これについては後述する。

7窒素14は、元素記号表上、6炭素と8酸素の間に位置する。太陽系の宇宙で6番目に多い。第二世代以降の星で、容量が太陽より何倍も大きいガスの中、炭素や酸素と一緒にCNOサイクルという機序で大量に生まれる。化合物をつくるのが苦手で、体内では「3」パーセントしか占めないが、熱によって容易にアンモニアから分離され、大気中に約80パーセントを占める。アミノ酸の構成に欠かせない。窒素酸化物は筋肉の弛緩にかかわり、筋肉を食すときの旨み成分である。

この酸素の近くで生まれる7窒素14は、常温で核融合をして14ケイ素28に転換する可能性がある。常温核融合では、宇宙的なエネルギーを放出しない。一般的な核融合および核

分裂では、破壊的なエネルギーをともなう核力がかかわり、化合界の生命を傷つけるが、核子数が「２」倍化する核転換は、生命体の中ででも生じるという。電子雲中の電気力を超えて、中間子の力が発揮される条件があるようだ。

6炭素（42）は、核子数12であるが、その同位体には炭素13（45）と炭素14（48）がある。同位体は、陽子数は変わらず、中性子の数が増減するものであり、多くは不安定な性質を示す。

窒素14（49）にも窒素13（46）の同位体があり、炭素12の同位体である炭素13（45）とはともに、13という数の世界に不安定に存在する。同じようにふつうの窒素14（49）と同位体の炭素14（48）は14の世界を共有するが、窒素（49）は安定し、炭素（48）は安定しない。

8酸素16には17と18の同位体があり、フッ素18と18の世界を共有するが、16の世界には、8酸素16以外、ほかの元素の同位体は一切存在しない。これは酸素の酸素たる所以である超安定性を示す。

8酸素16が「電子を纏う」とき、素粒子数は（56）になる。「56」の核子数をもつ安定した物質は26鉄56（１９４）である。アップ系数が26、ダウン系数が30の金属である鉄は、26個の電子をもち、液状の地球核をなし地磁気を発する。血液中の赤血球はヘモグロビンに鉄56を持ち、素粒子数（56）の酸素を運ぶ。

また酸素16は2個が結合して光子を放ち、16硫黄32になる。炭素12は2個で12マグネシウム24をつくる。その際やはり光子を放つ。硫黄は人体に0・25パーセント含まれており、人体構成原子の6位に位置する。硫黄はアミノ酸となり活性酸素に対応する。

生命で働く元素の核子が合成されるとき、光子が放たれる。独特なバランス、マグネシウム、硫黄。戸に隙間がなければ室内の光は外に漏れない。人と人が協力するとき、その光は周りに伝わる。ニッチを見出してはマーケティングの戦略になる。光は人の体の外にある。太陽の放つ光が、私たちの生活エネルギーを支える。純粋すぎるからこそ太陽は近寄りがたい。

隙間の別名は、生命であるともいえる。多細胞生物の、細胞と細胞の間には、漿液が満ち、光は人には見えない隙間を縫って、内臓の器官から器官へ走る。隙間があるからこそ水が流れ、水があるからこそ、固着生活から離れた物質は、摩擦を小さくして動く。細胞は水に浸かるからこそ、水を経由して組織のほかの細胞と、物質のやりとりをする。

水が密閉された空間は、光子が及ぶ限界がある。受精する場は暗黒に近い。ダウン系の酸素、近似「0」のエネルギー体「2」個は、分子を形成し、生命体の密閉空間を貫く管に入り、アップ系水分子集団の間で、化合を織りなす。仕事を終えた酸素は、「2」個が炭素1個とつながり、蝶のように生命体から出ていく。

二酸化炭素という化合物も三つ巴である。総素粒子数は（154）個で、独特なバランス22個の集合体である。炭素12には結合をする手が「3」本ある。このことが、炭素が元素間の粘着剤となる要素になる。炭素の立場からすれば、その力を用いてダウン系の力を有する酸素が、体に入って外に出るまでを、管理することになる。生命の体内で疲弊した酸素を化合した炭素は、秩序だった組織体から、光の満ちる大気に出る。独特なバランスの「7」倍体である窒素ガスの「海」を渡り、自分を呼ぶ植物へ飛んでいく。窒素と酸素、二酸化炭素の三者で、99・06パーセントを占める大気を、二酸化炭素は飛び、植物という密閉空間に潜り込む。その後の大気中には二酸化炭素は「0・04」パーセントしか残らない。温暖化の原因といわれるにしては、驚くほど小さい数字である。

ガラス窓からは、昼間の光が室内に入る。一般的に板硝子をつくるのはケイ素28の酸化物だ。ケイ素は宇宙で8番目に多く、炭素を1とするとき、およその10分の1存在する。炭素12ができたあと、ヘリウム4個が反応してケイ素はできる。化合する腕が「4」本ある点は炭素に似た物質であるが、前述したように、ケイ素は生命にかかわらない。自己変容を遂げるには、それ相応の時間と力を要する。ケイ素が炭素の2倍以上に生長する記憶は、協調と新陳代謝を基本とする生命活動には、妨害要因になるのかもしれない。

ソマチッドという古生物がある。珪藻に通じケイ素の殻をもつが、DNAをもたない生物である。ケイ素の殻を透過して受け入れた電子を、共生関係を結ぶ原核生物に入りこんで、そのTCAサイクルに供給する働きをする。ソマチッドは現代も多細胞生物の血液に共生する。前DNA生命体であるソマチッドは、DNAを擁する生命体の中で、人の感情の揺れに反応し、人が肯定的であれば輝き、人が否定的であれば沈滞する。異常な細胞があればとり囲んで、本来あるべき姿を示唆して治癒する。

ソマチッドが輝くとき、自律を守る閉鎖的生命体にも宇宙と直接結ぶチャンネルの存在があることを示しているようである。血液環境が悪化した非常事態になると、赤血球の中に逃げこみ、さらに悪くなれば生殖をして、次世代を放出する。状況が最悪になれば殻を硬化させて睡眠に入る。野戦病院で兵士が死ぬと、頭をつき合わせて寝ている兵士に、シラミが行列をつくって移動するように、尿を経由して寄宿先から出ていく。環境のよいところに出て太陽の光を浴び、眠りから醒めて新境地で活動を再開する。宇宙は物質が宇宙に登場した際のシークエンスを光子に託し、その光子をソマチッドという古生物を通して生命に出し入れするのかもしれない。

昼間、植物は太陽からの光子を浴びる。植物は末端を伸ばして少しでも多くの光エネルギーを得ようとする。エネルギーを浴びた物質はふつう動く。光合成という仕事をする立場である植物は動かない。炭素につながれた酸素も植物にやってくる。植物で体にとり入れた二酸化炭素から、酸素を分離する場が葉緑素である。全細胞が全能力を備えるその力で、酸素というダウン系を、低エネルギー処理して本来の姿にもどし、動物細胞に投げ返すのが植物だ。結合に結合が重ねられた生命体は、高エネルギーである核力をもつクォークを核に包み、低エネルギーでこそ生きる。生命は低エネルギーの、繊細な世界に放散する。穏やかに形成された物質が、冷たい星である地球で化合力を働かせる。陸で木質化した木は、その中心部では生命活動を止め、自らを根で固定して動かないものになった。些細なエネルギーを受信する機能の精度のためには、固定されているのは有効である。重い植物の王は山に棲み、夜に休む。

　夜太陽のエネルギーは、地球本体によって遮られる。地球は太陽に背を向ける。地球の遠心力は太陽系の外へ向かう。夜という時間は、太陽系に守られ封じられる場を、緩やかに、破る時なのだ。植物は高みから星に向かい、静かに交信する。太陽系より外の宇宙へ手を伸ばし、宇宙からやってくるものを受ける。

　闇が訪れ、人の体は眠る。覚醒時間に終止符を打ち、眠りという休止に入る。脳は起きて、夢を見る。夢は音であるよりも、映像であった。生命組織は、アップ系の陽子が引きつける電子の流れで、元素同士を結ぶ。光子はクォーク単体よりも、アップ系核子よりも、宇宙の物質反物質から受信した情報を、「みる」のが夢なのだ。宇宙の記憶を、電子が引きつれる光子によって、物質の形に再現する。女児生殖子の見る夢は、宇宙の最初から、クォークや電子とともに生きる光子が見せる、宇宙の心だ。

生命が夢を体験することは、生命からの宇宙への答えであると、いつか証明できるのだろうか。動物は植物に対して二酸化炭素を分離し、植物は自分に向かって放たれた炭素で、まず自己を増殖する。植物が肥えて動物は食を得、夢を見て、生き様を宇宙に返す。植物と動物は、相互存在性を呈す、地球の海練《うねり》である。

普段踏み入れない山の気は神秘的である。地球に蓋があるわけではないのに、気体は月と地球の引力圏に留まる。水蒸気は、地球核からもっとも遠いところまで行き、対流が生じて、地表に戻ってきて、水滴となる。それがいちばん最初に触れるのは山頂である。雨滴の核となる塵以外に、なにも含まない雨水は、飢える。

山へ分けいるとき、水塊に、触れられる先から物質を奪われる大気は、澄む。火山を流れ下る川は、宇宙の歴史を麓に運ぶ。「山の奥」は溶岩やマグマのただ中である。マグマが山頂の火口から溢れ降り落ちて積もった、山塊のことではない。どんな技術をもってしても人は到達しえない地球の内奥深部に、宇宙と、地球で生まれた生命をつなぐ場がある。大陸は本をただせば、マグマが噴出し固化したものである。プレート運動によって大陸は移動し衝突する。その運動によって陸地は盛り上がり、褶曲山脈となる。長い時間をかけて風化し、あとには硬い岩盤が残る。

川は「1」滴の雫からその山塊を経て成る。生命は「1」個の細胞から成る。山肌を伝う沢水は、鉱物を含み、微生物を含み、高山植物が生えては水中の有機物を肥やす。川に魚や昆虫の卵が産み落とされ、成体に育つ。魚を求める動物は、川に近づき、命尽きる動物は、川原の草に隠れる。河水は海に流れ、人は低海抜の生活に適応する。人は、川でものを洗い、体を洗い、その水を飲む。

川を遡り、山の等高線を上り、獲物を獲る。大気の組成は変わらず、大気圧の減少によって体に異変を生じる。一本の川から宇宙を知る。それは生命の源を感得させる。人が死して塵芥に帰すのではなく、地球そもそもが塵芥である。その塵芥を、人に形成するのが「過程の」当事者なのではない。「過程の」当事者が子どもをつくるのではない。子宮は「過程の」当事者にあれど、人が人智を超えて、介入できる場ではない。何と何が出会うかは、神のみが知る。

不妊治療や代理母、中絶は、その場に干渉する。自然の選択に任せるのか、自然を利用するのかは、その人が何に従い、何を求めるかによる。仏教は当初から人は粒子でできると説く。プロレタリア文学では、人を「アトム」といい、大戦後の社会は家族の単位を「核」家族という。クォークの精はヒトの女性と男性の形をとる。いま大陸で発生し、西回りでやってきた西洋文化は、日本文化において、日本神道と仏教をつなぐ輪となる。ここに東回り文化2つと西回り文化1つのアップ系の三つ巴ができる。素粒子論は宇宙の始まりを再現し、粒子の発現を見る。神道は人を生む性を鍛える。仏教は、素粒子が人に連続するときを待っていたのではないか。

日本の山々は火山活動によって、生まれたばかりのものである。日本の山は若く、岩盤を覆う地層は薄い。そうしてできた島々は海溝に沈む際は大陸より先である。大陸は何年もかけて火山が風化され、均《なら》されてできる。西日本には大陸由来の土地が残り、新成火山によってつくられた土地は、東日本に多い。日本列島が載るプレートは東進する。堆積したばかりの、急峻で複雑な山肌に、温暖湿潤気候の植生が育つ。日本の自然は、木が根を張るのに十分な「土」が育っていない。

その山塊のいたる所に源流がある。あなたが川の中流にいるならば、3日、長くて10日も歩けば、自分の生活を成り立たせる川の源流に行き着く。源流から尾根に向かい、分水嶺を越えて山の向こうを、数日旅をすればもうひとつの海に出る。山も近ければ海も近い。

日本に暮らす人々は、源流から海までを容易に知る土地に、家を建ててきた。

日本に流れている時間は、大陸的「大人」のものではない。黄河のように、一生のうちに源流を見ることを想定しえない大河は、日本にはない。日本の川では、若い水が活火山を駆け下りる。その国土は、遅くに生まれ早くに失する。いつ大地が揺れるか知れぬ。噴火してできたばかりの地表で生きるため、地域地域で知恵を育て、共同体もろとも土地に埋もれる生を生きるのが本来の姿だった。新山と、そこを流れ下る短急な川水は、沢ひとつ越えれば水が違う。

大陸的「大人」は大船に乗ったように、安定的環境から自立をする。人間の擁立する権力が山をなし、「大人」の行手を阻み、「大人」同士の侵攻が巻き起こる日本には貧富の差に関係なく、自然に翻弄される「小人」の姿がある。「大人」として自立する大陸の人と、「小人」として自然から非自立をする本来の日本の人。そこに、日本と日本以外の土地に生まれる人が、お互いの自立を混同する問題がある。

世界は長いこと、生きる土地と一体化した人間の、力の蓄積を尊重してきた。日本でも、不安定なその土地に添うようにして、自然観は形づくられてきた。それはその土地に身を委ねるだけではだめだということだ。豊かな植生は、自然に結びついて、そこから学ぶことを教える。自然は感じようとすれば、生命のことを教えてくれる。

山を走り下る水は国土に許された時間を知らしめる。人や宇宙を、流れ来て流れ去るものとして描かしめる。人は自分ばかりか、物も流れの中にあるのを直感する。自然によって破壊されたものを、記憶によって、つくり直すために人に与えられた時間は限られている。直感はいま形あるものには必ず始まりがあることを知らせる。直観は知と言語のみでなせる技ではない。計算で済む範疇でもない。直感はしたがって、鍛え上げられなければならない。その結果、人間性は成熟し、文化は成熟する。

文物は、人が必要によって生み出したもの。人が、洗練した知で不要なものはない。その知を発生時の境遇に立ち返って活かすのは、ほかの土地の人間が、その土地といかなる関係を持つかを、知る営みであるといえる。その文物がいかに生まれたかを再現できたとき、知は鍛え直される。文物を、時の流れおよびそれがおかれた状況から切り離す知が備わる。それだけ希求すれば、逆も可能だ。文物を感じるというのは、物質は物質のままに、運ばれてきた向こうの時間と場所の記憶を呼び覚ますことなのだ。文物を通して、時と場所を遡る。日本に世界の古いものが残されているのはそのせいだ。文物を知恵の道具として蓄積するのである。

起点に遡ることを重視するとき、とり入れた文化は知と変ずる。日本の自然においては、文物が発生した時の社会体制から階級的要素を排除して、核となる部分を探り、その型を引き継ぐことに、その文化を賭けてきた。文物を共有知として活かし、独立した記憶体として維持することが、早急な対応を迫る自然を生き抜く文化の多様性を担う。そのとき不要物として排除されるのが特権化した権力を再生産する機構である。物の成り立ちを遡って得た知の奥に、ヒトは自然から自立しない智を体の奥に忍ばせる。人間は知ろうとすればするほど、自己の欲求の深さを思い知らされる。自立しないことを環境が許すのならば、自然から自立しないことは、人間が成熟することと矛盾しない。

　人間は幼生形態のまま成熟する。人はどこか川を遡上する魚に似ている。「僕」というのはその謂いようである。日本神道は、言葉に頼らずに語る。教義に頼らずに語る。大陸からやってくる人も、大陸の自然から切り離されて、日本の不安定な自然に直面し、人間が自然と一体であることを、物に映して知る。浮遊するものは死ぬ。それが「山の奥」を観じる山岳信仰の意味である。日本文化にある「人間」信仰でもある。これを空海は草木国土悉皆成仏という。

　神社の神体は本来、山である。神は山に降りきたり、日本人は川の流れこむ海から山を拝む。沖縄の御嶽に原型が残る神社は、生殖の構造を模す。人は鳥居を潜って境内に入り、参道を通い、本宮で拝む。「参道」は「山道」であり、「山道」である前に「産道」である。人は体の奥へ、本宮の奥へ、山奥へ、祈りを送る。生殖子の入る空間は本来、生命である人智の知るところではない。性の交わりによってなされる人は、人智のなすところではない。

道祖神も、「発動」の当事者や「過程」の当事者の形をした岩も、人智と乖離した空間を表す。男女間を際立たせることの真意は、両親がなければ自分はこの世に居らず、人間の心身の、その向こうにあるものを直感づける。快感は性の結合を促し、性欲は人の情けの根源となる。生殖器の形と対手を欲する我心を観じ、宇宙における生命の記憶を呼び覚ます。あらゆる物に物性があり、人の性も、歪みによってとり残された物質にならう。物性の歪みを自分の生に統合するとき、性と生は、宇宙のただ中において、相等しくない。性は生ではない。生が性である。この本性を覚らしめるのが神道の真骨頂である。

自分に与えられた生を生き抜くとき、物質が化合した肉体の融合の深さを知る。人間にとって死は真実である、と同じことが物質にもいえる。真の相手に出会えば、人に死は訪れる。真の相手に出会い得た物質と反物質は、宇宙の本流へ戻る。物質界から逃れ得るものが人を形成するとき、物質の解体は訪れる。ヒトの結合に蓄積された記憶を知覚することこそ、人間が、人間である由縁である。

山は人が飲む水をつくり、人が吸う酸素をつくる。人智の及ばぬ生を生きる人は、その水と空気をいただく。その水が運ぶ宇宙の物性をのむ。人は宇宙の始まりを知ろうとしてきた。なぜそのころ存在しなかった人間が知らなくても仕方がない、と妥協してこなかったのだろう。知を磨いて継ぎ、物語を伝え、想像を巡らせる人間の本能とは何なのか。

神道では、穢れに出産も含まれる。けがれという音は、よごれやきたなさと意味する「汚れ」に重なる。梅毒菌など、他者の生殖器に接続することで性病に感染する問題もある。出産で疲弊した「過程」の当事者がばい菌に侵食されることもある。出産に耐えない個体が死亡するのは過去の話ではない。人減らしも、身二つになる瞬間を待って実行される。これらの問題を超えてなお「生まれる」人智の及ばない生命の営みに、妊娠を経験しない「発動」の当事者が、一生もしくは一定の期間にわたって、精神的な恐慌をきたし、判断力を失うことを忌避する意味がある。「過程」の当事者は卵子によって世代を貫いてきた系譜に、積極的に変化を埋め込む受精を、その快楽とともに引き受け、出産の現象にともなう苦痛苦難や不衛生的現実とを一身に体現することについて、経産婦でなくても、精神的かつ無意識的な自覚がある。その「過程」の当事者を、美として鑑賞する行為に発し、快楽のともなう受精行為が出産にいたる誕生そのものの大きさに、「発動」の当事者が依存および固執を呈する可能性を避けるために、あえて穢れという。

ここに日本神道において、肉体と精神を不分離でとらえる構造がある。それぞれの性が成すべき行為を全うするとき、「発動」の当事者が、「発動」をなさない他者としての「過程」の当事者から、くみとるべき生命の原型は、己の肉体的生理の神秘さそのものを、無自覚的自覚をする精神的な営みである。現社会においていわれる「発動」の当事者の営為の儚さは、卵子が接続されてきた生命という流れに句点を打ち、自分の背負う社会の最先端を導入する行為である。神道に備わる性に対する洞察は、認識の転換を可能にする。

ダウンクォークは、結合するか、アップクォークに転ずるかしかない。物質は結合の累積を選んだ。「体の奥」には、生命経済性の条件がある。生殖の場に情報を提供する側に立つことは、自分の生命は維持しても、生命を継ぐこととは無縁となる。この肉体と精神を一平面上におくとき、直観のみが異性間における優しさの源となる。この人間における現実を把握しようとするとき、人間の心の目は社会的生活を離れて、宇宙へと向かう。その儚さをともなう肉体に宿る精神は、地球上の生活における安定と、連綿と続く卵子が見る宇宙の夢を、瞬時に自分のものにする。人間の生を引き受ける性の姿が、男性と女性の間にある断絶の向こうに見えてくる。

第7章　結論

生命が素粒子に相似するという考えは、本論独自のものではない。中国には易に「雷澤帰妹」という卦がある。易は、⚊と⚋という「2」種類の記号でできている。それを「3」つ「1」組にし、その「2」組を下から読み解くものである。「雷澤帰妹」は、権力を生きる男子の結婚に適した時期を示す。その構図はアップ系三つ巴が上、ダウン系三つ巴が下にくるものである。

オーストリアのハプスブルク家に伝わる箴言、〝Kriege mogen lass andere fuhren, du, gluckliches Osterreich, heirat〟は、皮肉か誇りかわかれるところであるが、易と同じく、「過程」の当事者は「発動」の当事者の、対象もしくは政治の道具としてとらえられる。戦争と結婚が、核爆弾とクォークまで掘り下げられるとき、両者が「交換可能なもの」として扱われていたのは、巡りめぐって予言でもあった。

その後アメリカにソウルメイトという考え方が現れる。現在はツインレイという。この思想はまさに素粒子と性を結びつけて解釈するが、クォークの結合を恋愛としてとらえる向きがある。

星《ほし》は都市《とし》に音が似る。starもcityに似る。人は人にぶつかり、生命を生成する。地表に光の当たるときと当たらないときがあり、都会で星はスモッグの向こうにある。星が輝くのは水素やヘリウムがつくられるからということを意識せず、満天の星を忘れる。夜間の航空写真で輝くのは都市部だ。都市には人が集まり、文化を消費し、文化を生む。文化は世界に拡散し、海水はロンドンと東京で同時に上昇する。

時間は死に向かって進む。核子に秘められたクォークの仮死、卵巣内の卵細胞の死滅、木化。宇宙の奔流から綻び出た停滞エネルギーが生である。人は生きながら死に、死にながら生く。内部を物質で満たすものは、いずれ死ぬ。

冷却した星二つは新たな反応を始め、暴発し、重い元素をつくる。この中にウランがありプルトニウムがある。核爆弾は光子を放ち、銀行の階段に座る人を霧散し、その影のみが階段に焼けつく。クォーク量から核子量、原子量、分子量、細胞量。この科学を人が信じるのは核爆弾のせいである。「怒りのHiroshima」と「祈りのNagasaki」で、人は核力を抽出する力に納得した。

人間の不幸史を経た世代は、科学的発見に慣れ、特権の呼吸が文化を生む音声となって拡散する。各地域の地勢は、言語から離れたリズムを刻む。地域差を超えた文化は「津波のFukushima」によって一瞬呼吸を止め、目を開かれる。

地球最高峰が並ぶ褶曲山脈で生まれた「０」の思想は、日の昇る東と日の沈む西へ分かれて大陸を進んだ。地球を半周するのに数千年。東洋文化は、生命のリズムに耳を傾け、西洋文化は、物質のリズムを見ようとする。両文化は大陸から太平洋と日本海に踏み出し、日本に上陸する。文化が異文化に力として進出する先は、これ以上地球上にない。

宇宙の一角に太陽系はある。地球と月は太陽と三つ巴をなし、物質に生命という場をつくる。70を二分するとき、地球の表面は海と陸で35対35対30となり、それはダウン系の三つ巴を呈する。成人の体を占める60パーセントの水を二分するとき、30対30対40のアップ系三つ巴になる。人体中の酸素65パーセントを二分し、32・5対32・5対35のアップ系三つ巴。大気中の酸素を「1」として窒素を二分し、ダウン系の三つ巴……。

水に「慣れる」のに34年をかけてから、生命は上陸した。酸素が充満した大気中の生活では、変化に要する時間が小さくなる。生命の華の向こうに、必要な時、必要な相似態の、果てしない組織的な実験がある。生命はＤＮＡに、自己の発生をコード化して、それを他者と共有するまでに30年をかけた。性は、発現して8年を経たにもかかわらず、生命は酸素に「慣れていない」。生命は単細胞生物から、37兆、それより大きい多細胞生物までが共存する。

私たちは38年を生きながらえた生命コードを享受する。目に入らない生命塊に性が発現するまで、30年という年月を要したことを知る。艶やかな性の世界を知るとき、性の無い世界は無かったように感じる。性というのは、相手と融合するためにどこまで自分を削ることができるかという挑戦の30年である。その挑戦に負けたＤＮＡの系統は生命界から消える。

他者の生命に干渉せずに融合するには、片方を小さくすることである。生命体から異物として弾かれないためにも、縮小する方向は有効である。その典型が２Ｎの染色体を１Ｎに減ずる減数分裂であり、また他人の核に送り届けられる精子である。生殖器は聖域である子宮の外まで入ることができても、そこから先は、精子だけしか入ることができない。自分の原形質を退化させてＤＮＡを継ぐことに精子は専念する。

ヒトの細胞37兆の内、11兆が体をつくり、残りの26兆は赤血球であるのをみても、兆という単位を連絡するのに、エネルギーを使うのがわかる。宇宙の時間でさえまだ億単位であるのに、組織体は兆単位だ。赤血球の26兆個は発生する際に、核を退化させる。

原形質を供出する卵子は、接続期に母と娘と、卵胞と三重に守られる。個体的に三者は、時を移せば祖母、母、娘の三者になる。生命は原形質の中でＤＮＡを接続する。一世代かぎりのＤＮＡを二重にして接続する性は、自分の生体を最小にする術を備えて発現する。産む性は世代を通して連絡をとり、産まない性はその世代かぎりという現象は、記憶を小さくする「生命の急」を直観させる。精神機能も最低限にしなければ、対丁の生命に抵触するのだ。

生命を継ぐ当事者として、両性はともに「過程」に従事する。産まない性も、産む性も、相手がなければ子を持つことはない。自然は、2人の人間のDNAが並列することを原則に据えた。ヒトが生きて存在した自分を、次の世代へ送るのは共通のことなのだ。生命はともに断絶の条件に耐えて、自らの生を次世代に送る。細胞の体である原形質を両性の生殖子は利用し、「1+1=1」の新生児は、その細胞の体を提供する当事者の体を利用する原則が性なのである。

「卵子に進入」した精子は、提供された原形質を減数分裂を経たDNAの融合の場として利用する。原形質を提供する側にも、原形質を削る性が発現するまでの30年は、歴史として刻まれている。結合することに存在を賭けてきた物質は、規模を最大化させる。その中に生命は、その方法を逆行させることによって生まれたのである。限りなく「0」に近い「1」にまで最小化する。生命を維持したまま、しかも最小単位から自己を再現する。そういう2重螺旋構造は十分に複雑である。

本論ではここまで生殖子の生き様を拡大して、生殖子と個体の関係を明らかにしてきた。人を「発動」の当事者と「過程」の当事者の仮称の問題を検討する前に、記憶の問題がある。

生まれた子どもが女の子であれば、生殖子を通して祖母まで3代遡る。世代を超えてヒトの体の中で維持される生殖子は、隙間によって他者性を保つ。この隙間によって生活と宇宙はつながり、生命にしなやかさを添える。性差を数直線に表す試みで、女性は線的特徴を備えるといえる。女性の世代間の自立性は、まさに点の集合体が線となるところにある。

　生まれてくる子どもが男の子の場合、その子が社会構成員として情報を担った生殖子が放出される。性的に成熟してはじめて発現する生殖子は、地球上に生きる他者につながる方法を体現する。自己を記憶の核にまで削り抜く「発動」の当事者は点的特徴を備えるといえる。

　いずれかの性をもって生まれる人は、両性あって統合され、人間性という一元性がなる。精神においても「１＋１＝１」なのである。「過程」の当事者の提供する生命の結合の場に、連なる「発動」の当事者の他者性は、血縁が薄いほど、生命の靭性を大きくする。子どもとその両親「２」人で「３」人、父母の両親、子どもから見る祖父母は２組で「４」人の、子どもを中心に見た親族３世代はぜんぶで「７」人になる。子どもは両親の体を見て育つと同時に、父と父方の両親との関係、また母と母方の両親との関係を見比べる。性の奥深いところへの考察は、親の親の世代に遡り、家を超えた同性同士を比較することで可能になってきたのだ。人間の間の距離を肌で感じ、父というＤＮＡと母というＤＮＡの間にいる自分のＤＮＡを見ることができた。男親と女親の系列が子どもに刻印され、「７」という数字は個にして、自律的に生きる境遇を用意していたのだ。

独特なバランスの素粒子数は「7」であり、7窒素14は独特なバランスが7つ、素粒子数49である。私たちは大気から酸素を吸い体内に65パーセントもつ。大気中に0・04パーセントしかない二酸化炭素は、体内に炭素として18パーセントを占める。窒素は大気の80パーセントを占め、環境からの自律の象徴といえようが、体内には3パーセントしかない。肉の旨み成分として香を発する窒素は、大気から体内に、十分とり入れているとはいえない。

物質に記憶された情報を再統合するのが性であるとき、共通項を取り除いたあとに残るのは、その目的を達成するための「微妙な」方法の違いを解釈する、やはり物質でできた人間側の問題である。

江戸時代まで、男性は「妓楼に上がる」ことで女性を理解する。現代とでは人間を見る見方が質において違う。江戸時代の名残が濃厚であった時代に生きた吉川英治は、人間性のレベルで性愛を書く。吉川のいう人間は、これまでみてきた物質性を大前提とする。妓楼は武士が天皇家から分家し、平安貴族の結婚習慣を追体験する「場」であった。和歌を交わす「遊び」によって相手を見定める擬似体験は、恋の取引のみではない。時代を超えて受け継がれる「男女の思想」を理解する要であった。

文字は記憶を外在化する道具である。だがそれだけではない。漢字にはその象形に、大陸の歴史がこめられている。有史前の日本で文字が使用されていたかいないかは定かではないが、その言語における人間に対する解釈が、言葉の音のなかに保たれているのだ。その意味で人が出す呼気がつくる音は、思想を胚胎する。文字が大陸から移入される当時、日本語の音はすでにできていた。文字は人の話す音を記録化する。小局的判断のもと、文字の背景にある大陸の文化力に左右されないために、政治的捨て身の大肯定をもって漢字文字および漢字文化を外交政治の全面に打ち出す。文字を使用し、文化を役立てる場を政治とする一方で、大局的に生きる男と女の共存を目指す、意味以前の物質である他者を呼ぶ能を保存する。

他者性をどう尊ぶかを学習することこそが人間性の本質である。人であれ物であれ同じ物質でできている以上、他者性は人ばかりではなく、物との間にもある。これを伝えるのが日本語の音である。母音に丹田の気が響く。生身の生活は性事であり文化の場でもある。既得権益に固執する人間性を畏れつつ、まさにその人間性にこそ可能性を求める。この積極性はそのまま文字文明自体を、文字文明の根底にある危惧の自覚を促す装置とするのである。かつての人々は、文化にその区別を内蔵することを心から欲したのである。当初、和歌は万葉仮名で記されていた。万葉仮名を使用しつつ、人間性を保つべき文字が開発されるのを希求するとみる。「五」「七」の音数律に文字を導入した人々は、生身の人間を救うことに徹し、これを保存する捨て身の方便を発明する。文化の皮を可能なかぎり排除しようとする。

権力と文化は自律的に関与し合うとき、より優れた社会の理想を描くことができる。人は良かれと思うことを権力で実現し、文化は伝承する者を限定するのである。現代社会では政治と文化が混同され、人のあるべき姿が見失われている。権力が強大化するとき、既得権者は衣服を着るように、文化と人を身に纏い、脱ぎ捨てるように、文化と人を見捨てる。非識字を放置し、患者を治療するのを怠る。高度に発達した社会は権力に隠れ蓑を纏わせることに成功した。権力に恐怖を抱く人々は、権力があってなせる人間の事業を夢見なくなる。権力を畏れる人々は、文字という文明の利器をはなから放棄する。

和歌はいちど廃れ、悲壮な意図において、平仮名を編み出したのち、漢字仮名交じりの形に生まれ変わる。平仮名は女文字として始まったとされる。「平」は平易の「平」であるゆえに、女性にあてがうというのである。平安時代に世界でも稀な女流文学が生まれたのは平仮名を用いたからとされるのに、平仮名を女流なるもので済ませている。そればかりか平仮名の由来ゆえに日本語は男女の性差を表す言語であるとされるのを放置する。問題は文字に表れる性差ではなく、性差を人間としていかにとらえるかを問題とする文字である、ということである。文字を使うひとりひとりは、断絶に橋を架ける能を備えるということである。それを得るための努力をする人間性を保存し、その場その場で使い分けることのできる文字の真意の自覚を促す。

短歌の用語である「転換」は、第一に直観の契機の表出であり、第二にそれによって想像された内容の表出である。外在する思想の表出とそれの変更ではない。意識の持ち様を変換し直すことによって、断絶は超越が可能であり、断然を超越するこの知によってこそ和はもたらされる。かような知を平仮名に認めるとき、平仮名の「平」は、平和の「平」と読めよう。

古神道における性に関する深い洞察は、主体たる人間の、認識における性的な自在性を可能にする。「五七五七七」の三十一文字は、限られた文字数であるからこそ、性を表現する可能性をもつ。原形質を削る性と、原形質に地球上の生活と宇宙の夢をもつ性が、入れ替わることを可能にする。自然のこの圧縮された性という二面性を、自分のものにしようとする努力こそ、和歌であるともいえる。

だからこそ天皇家には天皇家のなす事業がある。本来家はその家が存続しているかぎり、直接その家人に触れれば、その家が担う本質を悟ることができるようになっていた。天皇家は日本国土に漢仏教文化を移入し、その文化の日本文化への融合を志した。苗字をもたない家として、社会よりも国民の生命を重視することを、文字なくして体現することに成功している。社会を担う権力が横滑りを起こさないよう自らの過ちを伝え、その上の重石となる。法治国家のようで、単に、法律を成文化しただけの国家ではない。

天皇家の権力を解体する舵をとった平家は、武士の悲しさかな、源家と衝突し全国に霧散する。宮島以外形で後世に伝えるものを残さなかったが、その後を継ぐ源家の時代に、琵琶を楽す平家物語が生じた。源家の初代政体は関東に天皇家を避け、幕内の府を立て、猿楽を伝承しつつ、平家の武将たちを称賛する。二代目政権が室町幕府であり、その三代目将軍義満の時代に、能楽は大成され、この舞台芸術は日本の政権のあり方を、文化の面から方向づけてきた。世阿弥を庇護するこの政権のトップを、単なる男色と解したら日本文化の理解を誤る。能における敗者への橋渡しは、同時にさまよう死者への引導である。武人をして女性を舞うことは和歌の性格に通じる。和歌集が撰定され、能は式楽となることによって、国語の平準化に寄与した。地方と中央の平常化の極意には、男性と女性の間の橋渡しが隠されていた。

男系で継承される天皇家は、どう生きどう死ぬかを宗教に問う。物質と平等に生まれ平等に死んでいく事実を意識するとき、日本人は「水に流す」という。生も死も水が高い方から低い方へ流れるように、水に任せる。生は水から生じ、死して水に還る。流れに任せれば、男も女も、上も下もない。高いところにいる人が立つ。

アイヌ語で「アイヌ」は「自然に対する人間」という。アイヌ社会も日本文化と同じように、文字を警戒するが、文字を切り自然に依る点において、日本文化と袂を分かつ。一般的に社会と生活が一致することが可能なのは、お互いの目が行き届き、社会全体が自然に溶け込むことが可能な小集団に留まる場合に限られる。日本人が集団の規模を拡大しえたのは、あらゆる人が自然への依存者であると同時に、自然災害を引き受ける当事者であることを、構造化することができたことによる。そしてそこには死よりも理解が難しい、性を生まで掘り下げる背景がある。

夜の闇は深く、性に秘められた生命の営みは深い。闇を通してみる性欲は、その妙を表現する人間性にかかわる。性に対する好奇心は批判されるものでもなく、いかに「発動」の当事者の性欲が速いリズムを打とうと、抑制できない本能にのみ位置づけられるものでもない。「産む」性ではないことに対する諦念が、「発動」の当事者にはある。日本の「発動」の当事者は、「過程」の当事者の性欲を力に頼って抑制する境地にはない。少なくとも「纏足」を発想しない。いったん「過程」の当事者に預けた自分の放出物の関与を「主張する」ことを控える。「過程」の当事者の3世代に及ぶ自由に帰するのだ。この諦念が「発動」の当事者特有の集中力と寛容を与える。

生命の自由には危険がともなう。自由に制限を加えれば危険を抑えることができる。内在的である諦念は、行為の自由を制約する以上の力を呼びこむ。物質を見るはしから数えていくのではなく、ものの性質を外在化して、いったん側に置く。概念は大体が「発動」の当事者によって描かれてきた。地域の文化を守るために精鋭が選ばれ、最先端の技術が開発される。西洋ではいつしかひとり「発動」の当事者が自然から離れて、「発動」の当事者の性愛が神聖視され、つい半世紀前まで文化人は「発動」の当事者を指した。「過程」の当事者が「発動」の当事者の対象となる世界では、技術的な力に資金が投入され武器に結集し、男性性の文化が築かれる。

従来文化とは、土地の気候、地形や水質に合ったように、生きる男と女を勇気づけるものであった。人の祈りは、宇宙に届くことが信じられていた。物質は点から直線に移相し、直線が閉じて生命が始まる。「3」を基調として個から調和へとなる。三角は頂点が鋭角であることによって、次の次元の調和へと向かう力を秘める。宇宙という数理の自立性が高い空間から隔てられ、覆い守るものがあって、生命は生まれる。生命はその覆いを破って自ら物質を外へ出すことによって定義される。「発動」の当事者はわが身から、性に関する思考を切り離す訓練を積んできた。禁欲とそれを昇華する思考が表裏一体でありえたし、それは自分とものの間に距離を存在させることになる。

「過程」の当事者が自分の性を語るとき、「発動」の当事者のようには語らない。女性が卵子を意識するのは、体の外に流出する血を見るときである。子どもが子宮にいる266日間は月経も止まる。生理が「ない」ことによって「卵巣は眠る」と想う。妊娠を経験するとき、「過程」の当事者の意識はその胎児が育つことに集中し、その胎児の卵子が正常に発生することは意識しない。赤ちゃんが女の子であることがわかれば、いつかその子も自分と同じように、赤ちゃんを産むのだろうとは思う。この子の卵子と同じ兄弟姉妹卵子が眠っていることは考えない。これから先この出産を終えて、この子の兄弟姉妹を産むことは思う。そのとき眠った卵巣は起きて、受精し同じ過程を経ると考える。

「過程」の当事者は現実の生活の中にいて、胎児は地球の生活の中にいる。「過程」の当事者は、胎児が暗闇の中にいて眠ることに想像を働かせ、夢を見るとも思う。「過程」の当事者は、言葉で言い表されない同時進行劇を、体で知る。人のいない夢を見る存在と、人の世を離れて夢見る存在を、否定しさることはしない。生命が単細胞生物であったとき、体細胞分裂をしさえすれば生命は増幅した。卵は2つの性が染色体を融合させる場に、原形質を提供するようになった。着生卵を預かる生命は増幅する生命の延長線上にいる。

現代の若者は死に対する「問い」がない高等教育を受ける。その教育を受ける「過程」の当事者も、生殖を学問として学ぶことはない。昭和も7割過ぎたあたりしも、「過程」

の当事者の意識は、男子に「追いつけ追い越せ」であった。まるで明治以降の、西洋列国に向けたプロパガンダのようだ。「自分」で生殖子を放出する「発動」の当事者は「自分」を確立するのに苦しみ、「『発動』の当事者と同じ」であることを「過程」の当事者は求めてきた。「発動」の当事者中心に形成される社会を受け入れ、「確率的な排出」をする「発動」の当事者の性現象が抽象化される美に心を奪われてきた。「発動」の当事者のように「過程」の当事者は卵子を放出しないことを理由に、「過程」の当事者の性は難しいとされ、卵子は「過程」の当事者の生まれる前に発生していて、女児の誕生自体が卵子の放出現象であるということを知らないだけで、「過程」の当事者は顕微鏡で見られた性に習わざるをえなかった。両方の当事者ともに若い年代の大半を、死にゆく生命を産する生殖は、「過程」の当事者の負担が大きいことを自覚することなく過ごす。

生も死も知らない世代は、自分の体を信じることを禁じられてきた。表面的な生活はお互いが協力し、表面下では棲み分けられる。近現代の男女史は、この計算に基づいて生活を積み上げてきたといえる。

排出欲、食欲、睡眠欲などあらゆる欲が生殖欲に還元され、知識欲は性欲よりも強いといわれる。人間の欲は現場に立ってみないと、どのような形をとるかわからない。人間の欲に文化の海を泳がせ、形をとるのを待つ。機械が機械を、理論が理論を生むいまの社会において、男性性の西洋文化と、女性性の東洋文化とが交接する。宇宙は規則性が高く、クォークに生じた結合は順次粒子を増やす。宇宙も、それに応じてエネルギー態を変える。その上に高分子は組織される。人は数を発明したが、数とは、「1」個ずつ大きくなる物質のエネルギー態が、数の概念に凝縮されたものなのか。

素粒子の結合数とは、物質の発現とそのあり方を規定する世界が、1組になったものであり、その記号は、その宇宙次元をなぞらえ、その単位数が、現在にいたる直線を描くとき、文化の真髄は生命の真髄と並ぶ。

「0」地点において脱衣する人間の行為は、社会的地位を「破綻させる」力を秘める。卵子を擁する風体である「過程」の当事者が、「発動」の当事者に比べて小さいのは、アップクォークに相似する。安定したアップクォークの性質は、生活におけるいろいろな余裕をもたらす。個体でも安定する女性は、自己発生と仲間の消失の歴史を、忘失する可能性を大きくする。「過程」の当事者は自らの中にあらゆる記憶を保持していながら、なにかの必要がないかぎり引き出しを開けない。和ダンスを持っていながら着物を着る機会がない、宝の持ち腐れである。

「発動」の当事者が物質的生存のために結合するのは理解した。最初の結合の相方のダウンクォークがその不安定さによって、アップクォークに転ずるか、結合の道を迫られる。

その自主性のなさは、存在してしまった自己への諦念になる。それゆえに宇宙の始原に失った「反」自己の記憶を維持し、世代かぎりの情報を手中にする一方、不安定さゆえの結合欲求が、その記憶を忘れることを許さない。記憶の「ない」ままに現世を満喫するアップクォークの姿は中毒的に映る。「過程」の当事者への擬態と、「過程」の当事者との性的交歓を経て、弾薬は放出される。

　地域を「守る」力が攻撃に転換したものが戦争である。大航海時代を経て、産業革命に後押しされ、地球上に人間未踏の地は「ない」。人類史的には、和人の北海道移住も都市文化の進出である。

「和」に表される心は、理解が不能とされるものを可能とする心でもある。「過程」の当事者は「複雑さ」の中に埋没しがちである。複雑なものには、それ相応の知の体系がある。「過程」の当事者が結合の場を提供するのも理解した。生殖子との関係から考えるとき、「発動」の当事者の性欲と比較できない形であれ、「過程」の当事者の生殖欲は存在する。卵子は単独では子宮に着床しない。

「完成」の当事者は受精時に結合者もしくは提供者になることを、理解した。「発動」の当事者は欲求する自分を知り、孤独において安定する人を理解することに努め、両者の欲求を公平に見る傾向がある。女性が生殖に距離をもち、性を思考の対象にした生活を自責的に送ることは、両方の性にとって必要であり、人間の生活に不可欠である。このような女性像は宗教改革を経て、宗教の権威から自立を闘いとった西洋社会に、「過程」の当事者自身が接しなければ、自然との融合を美とする日本には生まれなかったことだろう。

第一章の「3．性の型のもたらす問題」で、仮の名前をつけた。いま「発動」の当事者である男性は、性的には種内において情報を共有する方法の歴史的発現を現在まで個体に記憶し、その発見された方法を始動してきた。「過程」の当事者である女性は、性的には種内において情報の融合を果たす場を提供する一方、生命として物質の方向性を示してきた。「完成」の当事者である子どもは、性的には、それぞれの個体において個体を支配する２条のルールを編集して１条の情報に取りまとめ、生命的にはその情報を融合し、種にとっての新しい２条のルールとなって、ひとつの個体を形成するものである。性とはその方法に納得した生命がその記憶体を刷新する、物質的な流れの一瞬である。

人間を自然の中深くに位置づけていた日本においては、権威を自然に構造化し、上を信じ、自分の分を守ることを疑わなかっただろう。文化と生命の新しい芽が生じても、女性も男性も、戦争も自然から切り離さない。断絶の向こうにいる相手を許し、自分を許す。自国の民を豊かにするとき、自分の性ばかりではなく相手の性を理解して、自分も相手も、住みやすい世界をつくる。この人間のもっとも基本的な部分を、昼日中忘れず、男と女や老と若の間に立ち返り、理解をしようと努め、理解する。

新世代は即座に育たず、独り立ちするのに、数世代の時間を要する。それを良しとする。

自立した個性が必要とされる現在、過去を顧みずに重ねられた思考が生まれ変わる。

おわりに

武器を人に向けるとき、憎悪は剥き出しになるよう作用する。殺人や民族抹消の計画を立てるとき、すでに人間性を武器に奪われている。考えるという行為は、微小な一歩に見えるが、膨大なエネルギーをともなう。

社会が不安なとき、人口を増やす「産む性」は、男性による攻撃の対象になる。恐怖という否定的なエネルギーが形を与えられるとき、女性への性的暴行が発する。質量、つまり体重が大きいことは力になり、溢れ出るエネルギーの前に、思考は止む。人はいつ、人を殺すための道具を発明したのだろう。

男性は精査を繰り返して自分の考えを形にしてきた。その中から本物が時間によって選び抜かれてきた。

女性が自分より大きい人間が存在することに疑問を掲げたのを目にしたことがない。

本書は、女性は「産む」からこそ、人が攻撃に出る前になにかできなかったのか、という発想から始まった。攻撃が防衛の手段であるという考えに無理はないのか。いちど攻撃を始めれば、相手から攻撃を受けるのは必須である。本当に守るために出撃するのなら、攻めの体勢に入る前にすることがあるはずである。

男性と女性は理解し合うことが難しい。だがそうと諦めるのではなくて、男性が築いてきた土俵に、女性が美しいと思える考えをのせる。接点があることを信じて、思考を共有する基盤を築く。女性は女性であることに自信をもって女性像を考え、それを形にし、表明することだ。女性が沈黙を破ってきた歴史は短いが、いま女性に必要なのは、自分の思考を磨くことだ。

女性がそのままで、自分の生を生きる。何と素晴らしいことだろう。だがそれには自他ともに失敗を許す余裕が必要である。女性が自分の失敗を、考えるきっかけに転換できるような本が欲しいと思ってきた。

どんなに微小でも、質量はエネルギーをもつ。エネルギーは、質量をともなう。ヒッグス粒子の存在は確認された。毛筆で文字を書くとき、煤の微粒子の向きが揃う運筆は、美しい。結合は現世における華。女性も男性も、揺れ動く感情をよくとらえる。男性はとぼけるのが上手いが、女性が感情を表現に結ぶのも華。微小な重さの重合体である生命は、多様性の海を泳ぐ。

多くの方々が多大な労力を払って、執筆の過程の未熟な文章を読んでくださった。また高校、大学と文系で、社会に出て経済学や社会科学を理解するために、理系の知識が必要であることを意識したとき、実験の補助員として転換の機会を与えてくれたのは、長崎大学の水産学部であった。心から感謝を捧げる。

参考文献

杉山陽一『産科学』金芳堂、1972年(改訂第7版2001年)
高田真治・後藤基巳 訳『易経(上・下)』岩波書店、1969年
シャーリー・マクレーン著、山川紘矢・山川亜希子 訳
『アウト・オン・ア・リム――愛さえも越えて』地湧社、1986年
松居靖久「始原生殖細胞の分化と多能性幹細胞への再プログラム化のメカニズム」
(『生化学』第86巻第6号、726-734ページ)、2014年
和田純夫『宇宙創成から人類誕生までの自然史』ベレ出版、2004年

著者プロフィール
和無田 玉雪（わむだ たまゆき）
1969年、北海道生まれ。
筑波大学国際関係学類卒業。
埼玉県在住。

光の中の彩光色

2024年４月15日　初版第１刷発行

著　者　和無田 玉雪
発行者　瓜谷 綱延
発行所　株式会社文芸社
〒160-0022　東京都新宿区新宿1－10－1
電話　03-5369-3060（代表）
03-5369-2299（販売）

印刷所　図書印刷株式会社

ISBN978-4-286-29048-5